中国金融の実力と日本の戦略

柴田 聡

Shibata Satoru

PHP新書

はじめに

中国の金融はいったいどこまで発展しているのだろうか。そして、日本としてはどう対応していけばよいのだろうか。これが本書のテーマである。

日本では、中国金融の現状や実力がよく知られていない。それらを正確に認識することは、今後のわが国の金融のあり方を考えるうえできわめて重要と考え、本書の執筆を決断した。

いまから2年前の2017年夏、5年ぶりに訪問した北京で私は大きな衝撃を受けた。少し見ない間に、中国で「金融革命」が起きていたからだ。

筆者は、2008年夏から2012年夏までの4年間、財務省からの派遣で北京の日本国大使館に勤務したが、当時は見たこともなかったスマホ決済が、わずか数年のうちに独自の著しい発展を遂げていた。

首都北京においては、ほぼ完璧なキャッシュレス社会が実現されていた。コンビニ、レストランは言うに及ばず、露天の屋台、レンタル自転車、果ては交差点の物乞いに至るまで、隅々までQRコードによるスマホ決済が定着している。日本人駐在員は、スマホ決済で宴会の割り勘を清算している。それを使えない日本からの出張者は中国人店員から敬遠され、クレジットカードはおろか、現金すら使うのが気まずい雰囲気が漂う。

現地駐在の同僚に、スマホアプリの支付宝（アリペイ）や微信支付（ウィーチャットペイ）を見せてもらうと、かつてはサービスが悪いことで定評のあった中国国有銀行の銀行口座とも連結され、決済や送金はもちろん、さまざまな金融取引がスマホで簡単に処理できる。

いつの間にか、中国はフィンテック先進国とも言える目覚ましい発展を遂げていた。残念ながら、個人間決済については日本よりはるかに先行していることは明らかだった。

中国フィンテックの劇的な発展を目の当たりにし、筆者は浦島太郎の気分を味わっていた。自分の想像をはるかに超えた、中国の凄まじい成長と変化の速さにショックを受けると同時に、人口減や低金利等で収益悪化にあえぐ日本の国内金融の在り方を「外の目」から問い直す機会ともなった。

中国の金融市場は、すでに世界屈指の規模に成長している。

中国の銀行市場は、日本、さらにはアメリカも抜いて、２０１６年に世界最大となった。世界の銀行ランキングの上位には、中国系銀行がずらっと並んでいる。

株式市場は、１９９０年に証券取引所が設置されてから30年も経たないうちに、世界第２位の規模に成長した。最近では、日本の株価にも大きな影響を与えるようになった。

保険市場は、生命保険・損害保険ともに、日本を抜いて、米国に次ぐ世界第2位の市場に成長し、なお高成長を続けようとしている。

フィンテック分野では、アリババとテンセントが二大勢力となり、14億人の圧倒的な人口規模を背景に、わずか数年で合計ユーザーが10億人を超える巨大なモバイル決済市場が形成された。ビッグデータを活用した先進的な金融サービスも急速に発展しており、資金決済のみならず、本人確認、資産運用、口座管理、貸出に至るまで、デジタル化の進展が著しい。

いまや中国金融市場は規模も成長性も世界トップクラスにある。日本を含む世界のグローバル金融機関は、この巨大な市場を狙って、外交も巻き込んだ激しい国際競争を展開している。日本国内でも、国際化を図る中国金融機関が「紅船」となって日本市場に参入するのではないか、との懸念も出始めている。

一方、急速な成長の陰で、中国の金融にはいまだに多くの構造的課題が山積している。地方政府や国有企業の過剰債務、過大なインフラ・不動産開発向け投資、巨額の投資マネーを集める資産管理商品（理財商品）と膨張したシャドーバンキング、巨大なリスクを抱える金融システム、資本自由化や対外開放の遅れ、法令の未整備や高い規制コストなど、挙げればキリがないほどだ。

中国の金融を的確に理解するためには、ポジティブな面だけでなく、同時にネガティブな面やリスクも正しく認識する必要がある。このような考え方から、本書は、エビデンスに基づく客観的でバランスのとれた解説に心を砕いたつもりである。

筆者が中国とのご縁を頂いてから、早いもので10年が経つ。その間一貫して、日中金融協力を推進することは日本の国益にかなう、との信念をもってやってきた。

日中両国が金融分野で安定的な協力関係を構築することは、世界第2位と第3位の経済大国の関係に見合った金融の流れを創出し、日本の金融市場の活性化や発展につながっていく。また、本邦金融機関の国際競争力の強化、3万を超える日系企業の中国ビジネスの環境整備が図られ、日本経済の成長やアジアの金融システム安定化にも寄与すると考えている。

本書では、日本の立場から、「日中金融協力がなぜ必要か」という点を論じていきたい。「日中金融協力」が、日本自身にとって必要な取り組みであることをご理解いただければ幸いである。

偶然にも、これまで中国の金融に関する新書はあまり例がないようだ。本書が、多くの読者、とりわけ若い読者が中国の金融の現状と実態を知る契機となり、金融という切り口から、日本と中国の未来を考える一助となれば幸いである。

なお、本書の内容はすべて筆者の個人的見解に基づくものであり、所属する日本政府および金融庁の公式見解ではないことをご留意願いたい。

2019年7月

柴田　聡

〔注〕金額の為替レート換算について

本文中における日本円換算の金額計算に当たっては、とくに断りがない場合、2018年の平均レートである1人民元＝16・7円、1ドル＝110・5円を使用している。

中国金融の実力と日本の戦略

目次

第二章　中国金融ビジネスの最前線
――日系金融機関の挑戦

第三章 なぜ日中金融協力が必要なのか？
——未来を展望して

●第一章●

世界トップクラスに成長した中国金融市場

――その秘密と課題

第一節　世界最大の銀行市場

世界ランキング上位を中国が独占

「いまや、世界の銀行のビッグ4はすべて中国になった」

2019年冬の上海。旧知の中国高官は胸を張って私にこう話した。

2016年、中国の銀行資産規模は約33兆ドル（約3600兆円）に達し、日本や米国のみならず、EU圏も追い抜いて世界最大となった。

冒頭の言葉どおり、世界の銀行ランキング（総資産規模）を見ると、2018年はトップ4を中国勢が独占している。すなわち、「四大国有銀行」とされる中国工商銀行、中国建設銀行、中国農業銀行、中国銀行の4行だ。【図表1-1-1】

トップ10を見ると、日本は三菱UFJフィナンシャルグループが第5位にランクインしている。その他では、米国が2行（JPモルガン・チェース銀行、バンク・オブ・アメリカ）、英国が1行（HSBC）、仏国が2行（BNPパリバ、クレディ・アグリコル・グループ）となっ

図表1-1-1　世界の銀行ランキング(総資産ベース)

順位	銀行名	本店所在地	総資産額
1	中国工商銀行	中国	4.0兆ドル
2	中国建設銀行	中国	3.4兆ドル
3	中国農業銀行	中国	3.2兆ドル
4	中国銀行	中国	3.0兆ドル
5	三菱UFJフィナンシャルグループ	日本	2.8兆ドル
6	JPモルガン・チェース銀行	アメリカ	2.53兆ドル
7	HSBC	イギリス	2.52兆ドル
8	BNPパリバ	フランス	2.4兆ドル
9	バンク・オブ・アメリカ	アメリカ	2.3兆ドル
10	クレディ・アグリコル・グループ	フランス	2.1兆ドル
12	ゆうちょ銀行	日本	1.9兆ドル
14	三井住友フィナンシャルグループ	日本	1.8兆ドル
17	みずほフィナンシャルグループ	日本	1.7兆ドル
27	農林中央金庫	日本	1.0兆ドル

出典：S&P Global Market Intelligence　　＊2018年時点

ている。日本のバブル期には邦銀が同ランキングを席巻したが、現在の中国系銀行は当時の邦銀すら上回る勢いである。

これら中国の四大国有銀行は、いずれもG20の財務省・中央銀行・金融監督当局及び国際機関等をメンバーとする金融安定理事会（FSB）が選定する「グローバル金融システム上重要な金融機関」（G-SIBs）に指定されている。２００８年の世界金融危機の後、「大きすぎて潰せない」（Too Big To Fail）問題の対策として導入された仕組みで、指定された金融機関は追加的な自己資本が必要になる。

日本の３メガバンクをはじめ、全世界で29の金融グループが指定されている。米国の８

行に続き、中国と仏国が4行、日本と英国が3行、スイスの2行、その他の国は各1行となっている。現在アジアでこうした巨大なグローバル金融機関をもつ国は、日本と中国だけである。

いまや国際社会においても、中国の銀行が国際金融システムの安定にとって重要な存在であることは広く認識されている。

銀行中心の金融システム

なぜ、中国の銀行は世界最大の規模にまで成長できたのだろうか？

もちろん、中国経済の成長が最大の原動力になったことは間違いない。2010年に日本を抜いてGDP世界第2位となり、その後も年6％後半以上の高成長を持続してきた。経済成長を背景とした旺盛な資金需要、より高い収益をめざした積極的なリスクテイクなど、中国の経済体質も銀行市場の拡大を促してきた。

中国の銀行資産規模は、中国経済の成長率を大きく上回って急増してきた。

IMFの対中4条協議報告書によれば、対GDP比の銀行資産規模（2015年）は286％となり、新興国平均（95％）どころか、先進国平均（283％）も超え、2016年に

図表1-1-2　世界の銀行セクターの資産別規模(対GDP比、2015年)

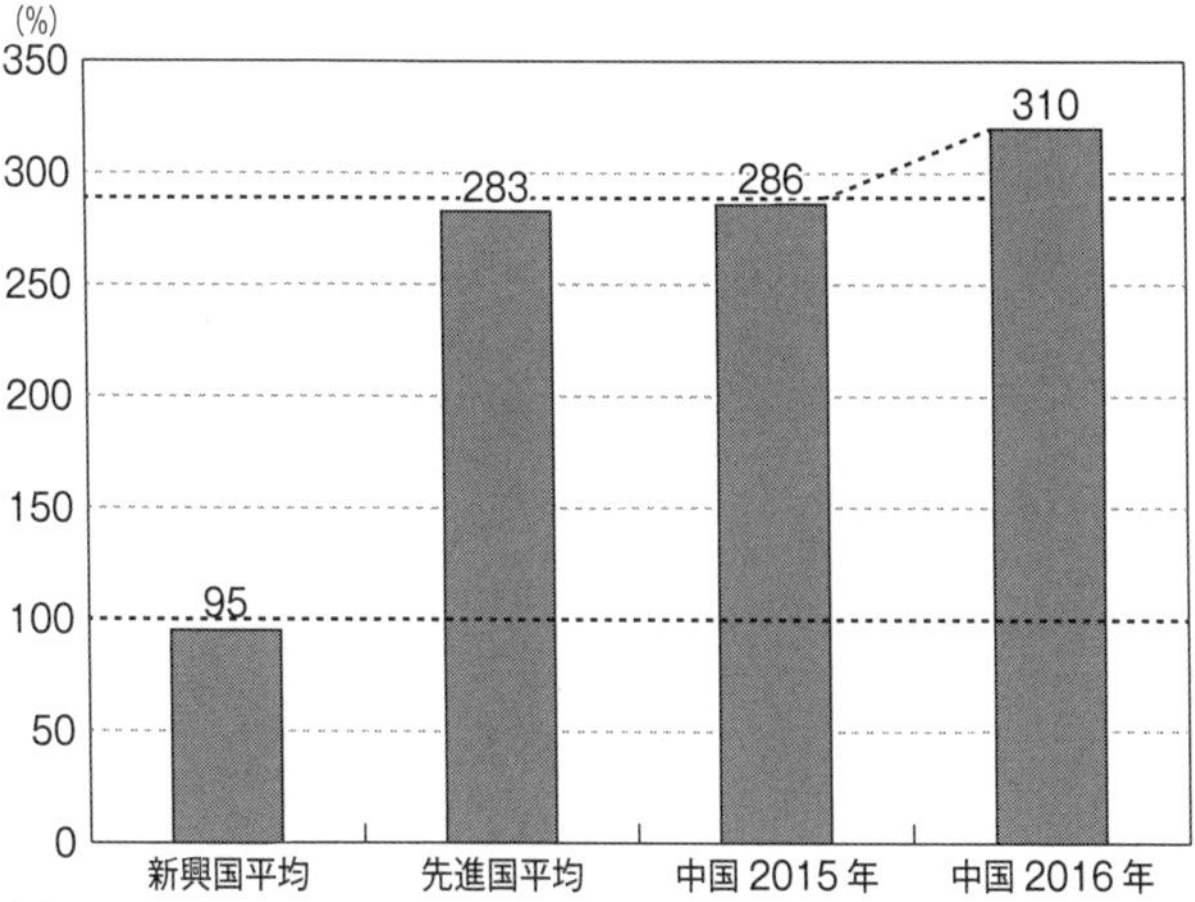

出典：IMF

は３１０％に達している。【図表1-1-2】

国際決済銀行（ＢＩＳ）が行った国際比較分析（２０１８年）でも、２０００年代の段階から、中国の同比率は新興国のなかで突出して高いことが示されている。世界金融危機前の２００７年の段階ですでに同時期の日本の水準を大きく上回る２００％程度に達しており、それから10年後の２０１７年には、同比率は３００％程度にまで急伸している。

ここまで中国の銀行市場が肥大した背景には、中国の金融システムが銀行偏重であることが関係している。１９９０年まで株式市場が存在しなかった中国では、株式による資金調達自体ができなかった。また社債市場も未発達で、銀行間債券市場において、２００５

年にコマーシャルペーパー（CP）、2008年に中期手形（MTN）が導入されるまでは十分機能していなかった。2000年代前半の段階では、直接金融による資金調達（株式と社債発行の合計）は全体の5％程度にすぎなかった。

その後、銀行間債券市場における中短期資金調達の普及により、社債による資金調達のシェアは徐々に拡大していったが、株式発行による資金調達のシェアは大きく伸びず、低迷が続いた。GDP第2位の経済大国となった2010年段階でも、中国の資金調達に占める直間接金融のシェアは約9割と高止まりしたままで、直接金融の占める割合は約1割にすぎなかった。

しかも中国の銀行は、国際的に見て高い金利水準や規制金利の名残もあって、依然として「貸せば儲かる」構造にある。金利自由化は進んでいるものの、いまだに3％程度の貸付利ザヤが確保できる収益構造となっており、事業規模拡大が進めやすい経営環境にある。低金利環境下で、貸付利ザヤが1％を切るまでに減少している日本とは経営環境が大きく異なっている。

さらに、中国には1400余りの商業銀行が存在するが、大手20行だけで約3分の2のシェアを占めるほど寡占化が進んでおり、競争が少ないことも要因に挙げられる。

とくに外資銀行の存在感は小さい。2001年の中国のWTO（世界貿易機関）加盟後に外資銀行の独資参入が認められ、中国現地法人として進出した外資銀行は日本の3メガバンクを含め、30行以上に及ぶが、そのシェアはわずか1・3％（総資産ベース、2017年末）にすぎない。

規制に守られた採算性の高い閉鎖的な市場と寡占的な産業構造。全体として競争が不足するなかで、中国の銀行は国内シェアを重視し、過大なリスクを取ってでも安易な規模拡大に流れやすい。高度成長期の日本の銀行業界にも見られた傾向だ。

中国の銀行システムは世界最大にまで膨張したが、裏返せば、中国企業の銀行借入債務も世界最大ということを意味する。銀行融資の規模拡大は、主な貸付先である国有企業を中心に、中国企業の過剰債務の問題に直結している。企業の資金調達において市場規律が働きにくく、銀行からの過剰融資がゾンビ企業の温存や過剰な不動産開発投資につながっており、企業の新陳代謝や成長セクターへの資金供給を妨げている。

さらに、マクロ経済運営の観点からは、経済全体のリスクが銀行部門に集中している懸念がある。銀行不安が、金融システムのみならず、マクロ経済の不安定化に直結するリスクが非常に大きい。エスカレートすると、国内の混乱という統治に直結する問題になる。

図表1-1-3　社会融資総量

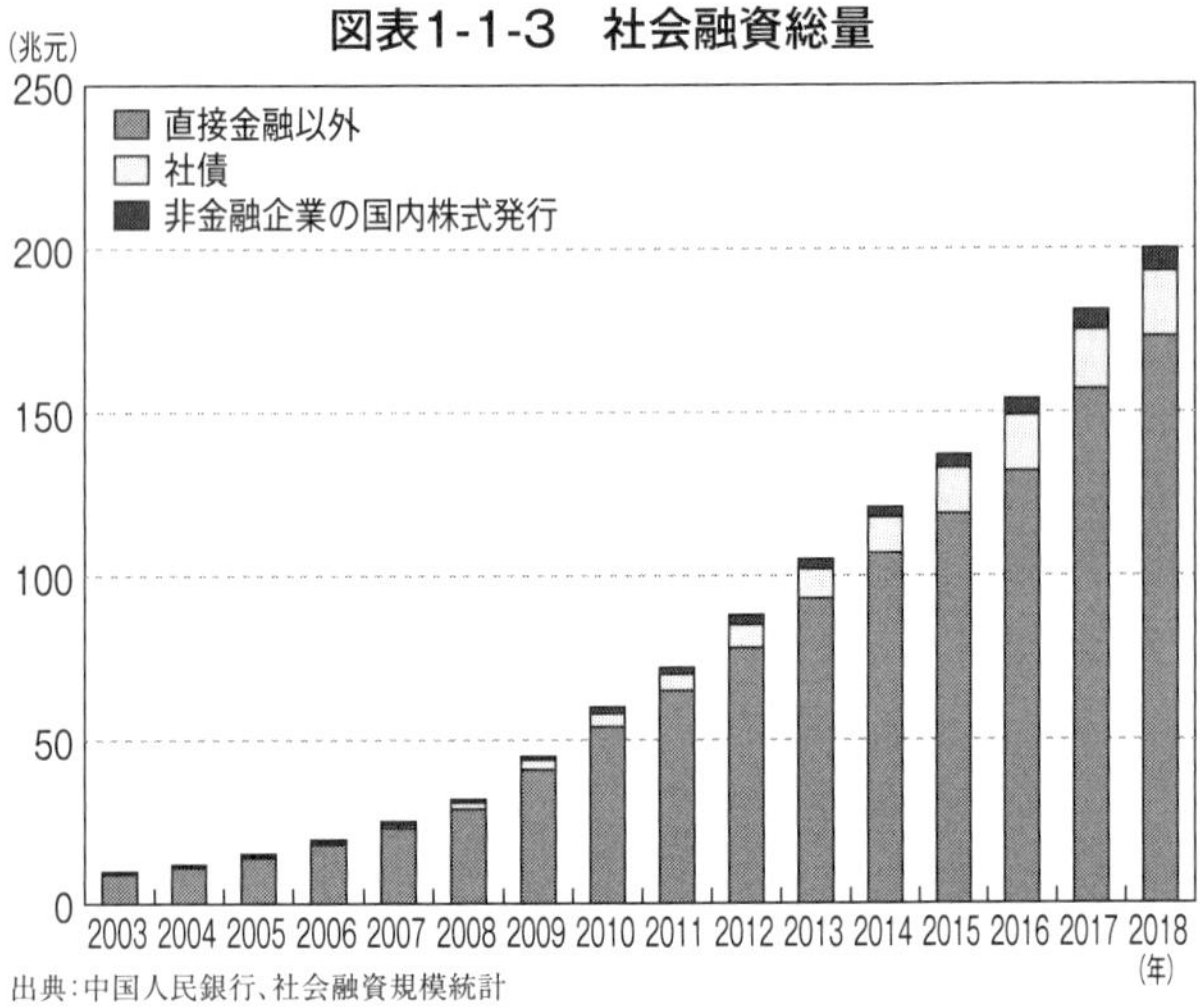

出典：中国人民銀行、社会融資規模統計

中国自身も、こうした間接金融主体の金融構造の改革に強い問題意識をもっている。中国金融当局は、２０１２年に策定された「金融業発展・改革の第12次５カ年計画」において、２０１５年末時点で直接金融比率を15％以上に高めることを目標とした。習近平政権が２期目に入ると、直接金融比率の引き上げは党大会政治報告にも明記されるようになり、経済政策の主要目標の一つとなった。中国金融当局は「強い資本市場の創出」をめざして直接金融の拡大に注力している。【図表1-1-3】

中国の金融システムは健全なのか？

中国の金融システムは本当に健全なのだろ

図表1-1-4　商業銀行の不良債権比率推移

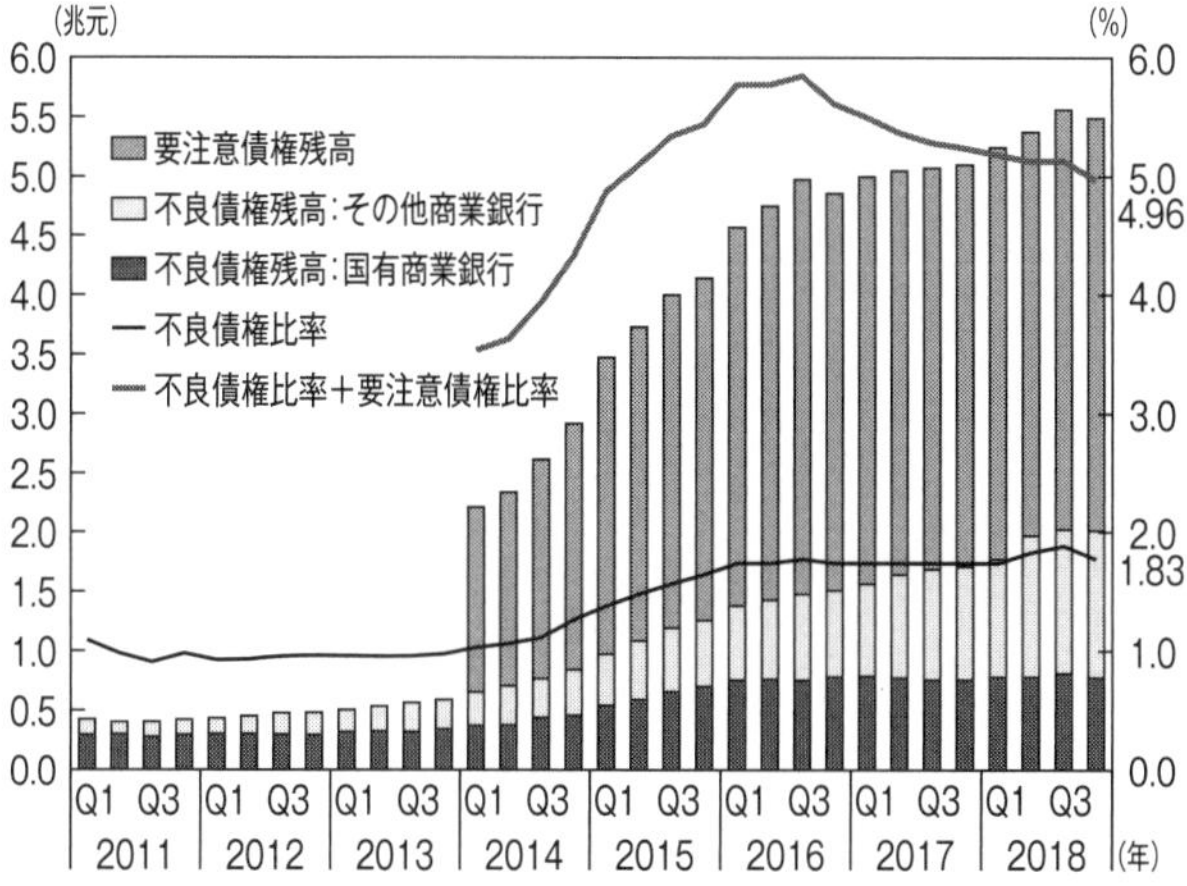

出典：中国銀行保険監督管理委員会　　　(注)要注意債権については2014年から公表を開始

うか。これについてはさまざまな見方がある。

中国の商業銀行の不良債権比率は、2010年代に入ってから一貫して1%台という非常に低い数字で推移している。【図表1-1-4】

日本の主要行は、不良債権問題が最も深刻化した2002年3月期の不良債権比率が8・4%であり、その「半減」が政策目標とされ、2006年以降は1%台で推移してきている。中国の不良債権比率は、最近の日本の主要行並みの数字である。

2014年からは、要注意債権の公表も開始されており、不良債権と要注意債権の合計比率は2016年に6%近くに達したが、その後ピークアウトして、２０１８年には5％以下まで低下している。数字を見るかぎり、銀行システムに大きな異常があるとは思えない水準だ。

また、世界金融危機の反省を受けて、２０１７年に策定された国際銀行規制、いわゆる「バーゼルⅢ」を中国はいち早く導入した。しかも、自己資本比率については国際基準よりも高い水準設定を行った。たとえばＧ-ＳＩＢｓの4行に対しては、バーゼルⅢ基準（10・5％）を上回る11・5％以上の自己資本比率を求めている。バーゼル銀行監督委員会においても、中国の取り組み状況は「準拠」（compliant）とされ、商業銀行全体の自己資本比率も13％を超える水準で安定的に推移している。

つまり、不良債権比率や自己資本比率といった、金融システムの体温計のような基礎指標を見るかぎり、中国の銀行システムは健全な水準を維持しているように見える。

しかしながら、国際社会では、「中国の潜在的な不良債権は統計以上に多く、金融システムのリスクは大きい」との見方が消えない。

その論拠として最も有力なのは、国際的な過去の経験に照らして、急速に拡大する中国の債務が持続可能でない水準に達しているという仮説だ。

非政府・非金融部門（家計と非金融企業）の債務残高のＧＤＰ比について、現状と過去ト

図表1-1-5　非政府・非金融部門債務残高の対GDP比率

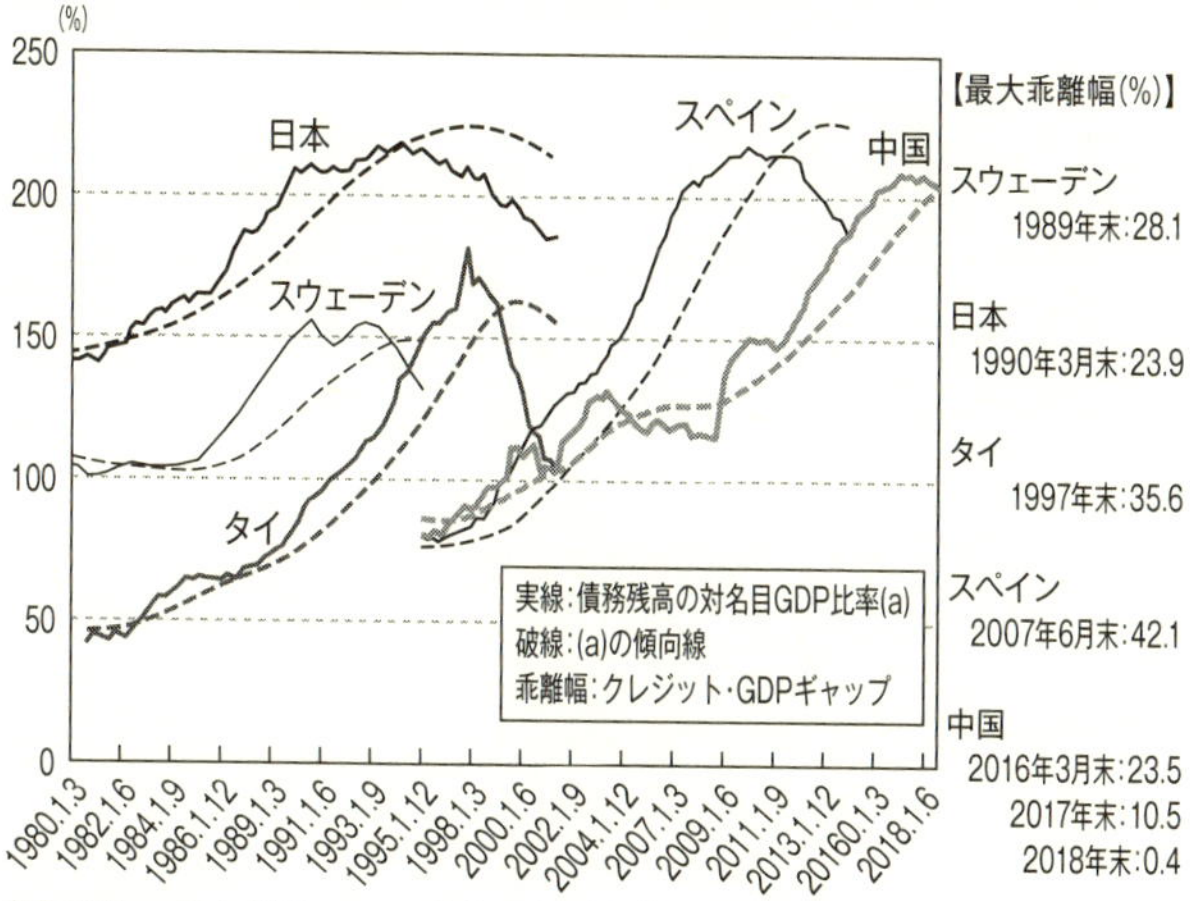

出典：BIS credit to GDP gaps statistics（May 2019）

レンドとの乖離幅を示す「クレジット・GDPギャップ」という指標がある。BISが調査して毎年公表している指標だ。

　過去に金融危機を経験した国の事例から、一つの経験則として、クレジット・GDPギャップが＋10％を超えると警戒ラインとされる。BISの分析によれば、そうなった国は少なくとも3分の2の確率で、3年以内に危機が発生している。**【図表1－1－5】**

　たとえば、日本の同ギャップが最大（＋24％）となったのはバブル期の1990年3月末。その後、1994年にはギャップはプラスからマイナスに転じ、1997年以降の金融危機に突入していく。他国の例でも、スウェーデンは1989年（＋28％）、タイは1

997年（＋36％）、スペインは2007年（＋42％）がピークで、その後金融危機が発生している。

中国は、2016年にギャップが過去最高（＋24％）に達した。債務残高のGDP比自体も200％を超え、バブル期の日本とそっくりのグラフ曲線を描いていた。いよいよ中国もバブル崩壊前夜の状態に突入したとの見方が広がった。

国際通貨基金（IMF）も、2017年の中国に関する年次報告において、「いくつかの例外を除き、債務残高のGDP比が5年間で30％以上高まった場合は、成長率の大幅な低下や金融危機が発生し、とくにGDP比が100％を超えてから債務が急増したケースは、すべてひどい結果に終わっている」と指摘した。遠回しながら、中国に対する痛烈な警告だった。

中国経済の先行きに対する懸念が国際的にも高まるなかで、中国政府は、債務比率の引き下げ（デレバレッジ）に本腰を入れた。分子となる債務残高の圧縮のため、金融面の締め付けを急速に強めた。他方、分母となるGDPは6％台後半の高成長を達成した。

その結果、2017年の「クレジット・GDPギャップ」は、10％程度にまで急低下し、2018年にはギャップをほぼ解消してしまった。結局、国際機関が警告を発してから数年が経過したが、執筆時点（2019年6月現在）において、中国で金融危機は発生していない。

こうしたマクロ的な分析以外にも、ミクロの企業財務データなどに基づいて、現在は問題が生じていなくとも、将来的に債務返済が困難になる蓋然性が高い「不良債権予備群」を推計して、じつは公式統計の数倍にも相当する不良債権があるといった分析もあるようだ。

中国の銀行監督当局によるミクロからのアプローチで積み上げられた数字と、国際機関等によるマクロからのアプローチで算出された数字で、中国の銀行システムの健全性について、まったく異なった評価が出てしまうのは何とも不可解ではある。

この謎を解くカギは、非銀行部門における資金の流れ、すなわちシャドーバンキング（第一章第四節で詳述）の急速な拡大にあると考えられる。中国は銀行中心の金融システムであったが、もはや伝統的な銀行システムを見ているだけでは、中国の金融システム全体の実態把握は困難になっていることを示している。しかも、非銀行部門の資金の流れについては、監督や統計の仕組みも未整備で、金融システムへの影響を把握することも困難を極める。中国金融当局にとっても、大変厄介な時代が到来したと言える。

未経験の「中国発」金融システム不安

中国の銀行市場が世界最大にまで成長したことは、中国の経済発展がもたらした歴史的成果であり、中国自身も非常に誇りに思っている。世界経済の成長、国際金融市場の発展にも大きな貢献を果たしていることは疑いようのない事実だ。

他方で国際社会から見れば、かつてはほぼノーマークだった中国の金融動向が、国際金融システムにきわめて大きな影響力を及ぼすようになったことを意味する。新たな巨大リスクが登場したともいえよう。

世界はまだ中国発の本格的な金融システム不安を経験したことがない。中国でも1998年のアジア通貨危機後に大規模な不良債権問題が発生したが、当時は国際金融システムを揺るがすほどのインパクトはもっていなかった。最近では、2015年に「チャイナショック」と呼ばれた株価急落があり、世界の株式市場に株安が波及したが、中国側の必死の市場コントロールにより影響は短期かつ限定的で済んだ。仮に今後中国で大規模な金融不安が発生すれば、必ずグローバルに影響が生じてくる。

中国の金融システムについて、少し気になる動きも出始めている。2019年5月、中国の内モンゴル自治区の大手地方銀行「包商銀行」に深刻な信用リスクが発生したとして、中国政府が1年間の公的管理を行う旨を発表した。実質的な「国有化」である。資産規模で中国国内35位（約10兆円、日本の地銀上位クラスに相当）にランクされる中堅銀行だった。中国政府は信用不安の波及を回避するため、個人預金は全額保護とした。経営破綻の理由として、地元の基幹産業であった石炭産業の不調、親会社の明天グループ経営者である肖建華氏の当局拘束など、さまざまな臆測が飛び交うが真相は不明だ。

中国が２０１５年に預金保険制度を導入して以降初となる公的管理であり、関係者の間では、以前から不安視されていた中国のバブル崩壊と銀行破綻がいよいよ顕在化したと衝撃が走ったが、結局大きな混乱は発生しなかった。本件を中国金融当局は「特殊ケース」と説明するが、今後銀行破綻が続けば、中国の金融システムへの不安が国内外に広がることも懸念される。

過去を振り返れば、主要国発の国際金融システム不安は数多く経験されてきた。１９９０年代の日本の不良債権問題、２００７年の欧州発のパリバショック、２００８年の米国発のリーマンショックとその後の世界金融危機、２０１０年のギリシャ危機や欧州債務危機など、記憶に新しいものも多い。数々の金融危機の反省を踏まえて、各国金融当局が連携し、国際金融規制の強化を図ってきた歴史もある。

経済規模で多くの主要国を上回った現在の中国で、仮に深刻な金融システム不安が発生した場合、国際金融システムにどのような影響が生じ、どう対応していくのか。国際社会にとっては未経験のチャレンジになる。

そうした事情もあり、国際社会の中国の金融システムに関する関心は高まる一方だ。前述したIMFやBISなどのレポートがそれを証明している。国際機関や主要国の金融当局にとって、独特の政治経済体制で情報も乏しい中国は、秘密のベールに包まれたミステリアスな国だ。外国人にとって、マクロデータに基づくアプローチは可能でも、中国語やデータ入手の壁もあり、詳細なアプローチは難しい。

2018年1月、財務省の一室で、来日したIMFの中国調査責任者と直接意見交換をする機会に恵まれた。「あなた方は、外国人が入れなかった竹のカーテンの奥によく入り込みましたね」。私が賛辞を贈ると、先方も自負があったらしく、大変満足気な表情を見せた。最近では、英語情報でも中国の国情を十分理解した調査が数多く見られるようになった。

日本は、地理的・文化的近さに加え、中国との長年の付き合いにより、中国情報に関するアドバンテージをもっている。中国の動向が、日本経済や金融システムに与える影響が格段に大きくなった現在、わが国は、中国の実力や影響力を過小評価することなく、他方で構造的な脆弱性やリスクもしっかりと認識しながら、あらためて中国金融市場に関する情報収集や分析を戦略的に強化していく必要があると考えている。

第二節　日中が競う世界第2位の株式市場

東証と肩を並べる上海証券取引所

共産主義の中国には、市場経済の象徴ともいえる株式市場は存在しなかった。中国初の証券取引所である上海証券取引所（以下「上海証取」）が開設されたのは、日本がバブル経済のピークを迎えていた1990年。翌1991年に深圳証券取引所（以下「深圳証取」）が開設された。明治11年（1878年）に東京証券取引所（設立時は東京株式取引所、以下「東証」）と大阪取引所が設置され、2018年に140周年を迎えた日本とは対照的に、30年にも満たない歴史しかない若い市場だ。

中国の株式市場は、中国経済の高成長とともに凄まじい勢いで急成長した。開設当初の上海証取の上場企業数はわずか8社、時価総額は29億元（約484億円）にすぎなかったが、2017年末には、上場企業数1396社、時価総額は5・1兆ドル（564兆円）に達した。単純計算だが、上海証取の時価総額は1万倍以上になった格好だ。

2015年のチャイナショック前には、中国の株式時価総額（上海証取と深圳証取の合計）は10兆ドル（約1100兆円）を超え、日本を抜き、米国に次ぐ世界第2位の株式市場となった。ただし2018年夏には、中国の株価下落によって時価総額は約6兆ドル（約660兆円）まで減少し、再び日本の時価総額が中国を上回った。このように、株式市場の規模については、日本と中国が世界の2番手としてライバル関係になっている。

世界の証券取引所ランキング（2018年）を見ても、上海証取と深圳証取の両取引所とも、世界で屈指の主要取引所となっており、とくに東証と上海証取はライバル関係にあることがわかる**【図表1-2-1】**。

時価総額では、上海証取は世界第4位。米ニューヨーク、米ナスダック、東証に続く世界屈指の市場だ。世界の有力市場であるユーロネクスト、香港、ロンドンなどを上回っている。深圳証取も第8位にランクインしており、両市場ともトップ10入りしている。両市場を合計すると、東証の約1・2倍の規模となっている。株式売買代金では、深圳証取が第3

図表1-2-1　世界証券取引所ランキング(2018年)

	取引所名	国名	時価総額(10億ドル)	【参考】売買代金(10億ドル)
1	ニューヨーク証券取引所	米国	20,679	19,341
2	ナスダック	米国	9,757	16,790
3	東京証券取引所	日本	5,297	6,297
4	上海証券取引所	中国	3,919	6,116
5	香港取引所	中国	3,819	2,340
6	ユーロネクスト	欧州	3,730	2,203
7	ロンドン証券取引所	英国	3,638	1,843
8	深圳証券取引所	中国	2,405	7,563
9	ドイツ取引所	独国	1,755	1,700
10	韓国取引所	韓国	1,414	2,521

出典:WFE統計

位、第4位の東証や、第5位の上海証取を大きく上回っている。

上海と深圳の2つの証券取引所は特色も機能も大きく異なる。上海は、伝統的な国有企業など中国国内大手企業が中心だ。金融やエネルギーをはじめ、IT、化学、医薬品、不動産、機械、自動車、小売、卸、電機などの国内有力企業が上場している。上海証取も、自らを「プレミアム・ブルーチップ(超優良株)市場」と呼んで投資家にアピールしている。

他方、1978年の改革開放によって開発が始まり、いまや経済規模で香港を上回るまでに発展を遂げた深圳には、通信機器大手のファーウェイ(華為)、メッセージアプリ(微信）やモバイル決済の巨人となったテンセント（騰訊）、ドローン大手のＤＪＩなど、非伝統的な有力新興企業が数多く存在する。加工貿易時代に集積した水平的・垂直的サプライチェーンが産業基盤となり、「紅いシリコンバレー」と呼ばれ、中国全土から優秀な若手技術者が集積する中国のイノベーションの中心地である。そのスピード感はシリコンバレーをも凌ぐといわれている。

こうした背景をもつ深圳証取は、メインボードしかない上海証取とは異なり、中小企業向け市場の「中小企業板」や新興企業向けの「創業板」を設置し、新産業分野の成長企業の上場を推進している。２０１７年には上場企業数が２０００社を超え、上海証取を大きく上回っている。

母国市場に上場しない中国企業

このように、二つの証券取引所が特色を出し合いながら競い合う中国株式市場だが、アリババやテンセントのように、母国である中国本土では上場せず、ニューヨークや香港で上場する有力中国企業も多い。日本では考えにくい現象だが、世界的に優良企業の証とされる「フォーチュン５００」（２０１８年）にランクインしている中国企業１１１社のうち、中国国内で上場しているのは51社（上海証取43社、深圳証取8社）にすぎず、過半は自国上場していない。ホーム市場とはいえ、厳しい資本規制によって国際的に開放されておらず、上場審査も政府が行うなど規制色が強いローカルマーケットのままでは、優良中国企業にとって上場メリットに乏しく、敬遠されているようだ。

２０１８年11月、上海で開催された中国国際輸入博において、習近平国家主席は、上海証取にイノベーション企業向けの市場である「科創板」を設立すると宣言した。中国が推進する「イノベーション型国家戦略発展」を推進するため、ＡＩ、新エネルギー自動車、バイオ創薬、ビッグデータ、次世代ＩＴ技術、クラウド・コンピューティング等、最先端技術をもつユニコーン企業の上場推進をめざしている。企業の成長性に対する市場の評価を重視し、予想時価総額が一定額以上の場合には、従来は認められなかった赤字企業でも上場を可能とした。また、新規上場（ＩＰＯ）に当たっては、従来のような証券当局による「認可制」ではなく、日本と同様、取引所の上場審査に基づく「登録制」を中国として初めて導入するとしている。２０１９年夏の取引開始が見込まれており、上場申請は１００社を超えている。

この動きの背景には、米中貿易戦争の影響があるのではないかと考えている。中国科学技術部の調査によれば、中国には企業価値10億ドル（約１１００億円）を超える未上場企業、いわゆる「ユニコーン企業」が100社以上存在する。高い技術力をもつ自国企業を自国市場に囲い込むとともに、現在は外国に依存しているハイテク製品等の内製化を図っていく意図が感じられる。

非伝統的な産業分野では、比較的規制の少ない自由な環境下で急成長してきた民間企業も数多い。中国の政治体制下においては、民間企業といえども中国共産党の方針には従わざるをえず、いずれ政治とビジネスの狭間でジレンマに陥るイノベーション企業も出てくるのではないかと懸念している。

乱高下しやすい中国の株価

中国の株価指数、とりわけ代表格の上海総合指数は、現在では日本の株価ボードにも必ず収載され、ニュースでもおなじみの主要インデックスになった。

中国の株価は乱高下の激しいことでも知られる。1990年代以降、経済成長とともに一本調子で上がってきた中国の株価だが、過去2回株価危機を経験している。**【図表1-2-2】**

1度目はリーマンショックだ。その前年の2007年10月16日、上海総合指数（終値）は過去最高の6092ポイントを記録した。そのわずか1年後の2008年9月、リーマンシ

図表1-2-2　上海総合指数の推移

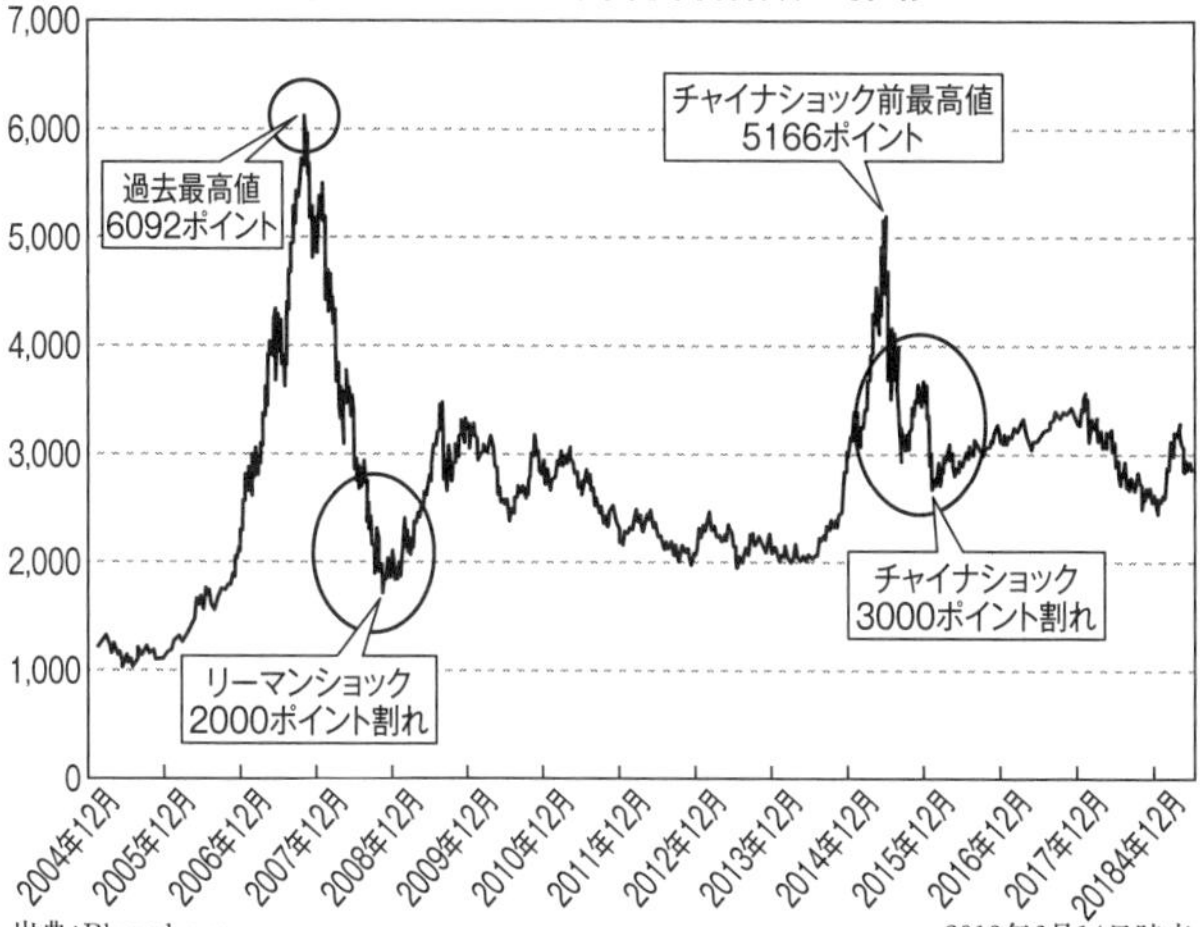

出典：Bloomberg　2019年6月14日時点

ョックが発生し、世界的株安の影響は中国にも及んだ。最終防衛ラインともいえる２０００ポイントすら割り込み、同年11月には１７０７ポイントまで下落、わずか１年余りのあいだに下落率は72％にも達した。

２度目は２０１５年の「チャイナショック」。世界金融危機の後、上海総合指数は２０００ポイント台の低迷が続いたが、２０１４年11月の利下げを契機に急上昇、翌２０１５年６月には５１６６ポイントまで上昇し、１年で株価は倍になって２度目のピークを付けた。しかし、２０１５年８月の人民元切り下げを契機に、株式を売却して外貨建て資産を購入する資本流出の動きが急増し、わずか２カ月半後には株価は３０００ポイントの大台を割り込み、約４割も急落した。そして、中国発の株価下落が世界的な株安を招く不名誉な初の事例となった。

中国政府も背に腹は代えられず、空売り禁止、新規株式公開（ＩＰＯ）の暫時凍結、国有企業保有株式の売却禁止などの露骨な供給対策に加え、証券会社による上場株式投信（ＥＴＦ）共同購入などの需要対策、さらには当局による株式売買の監視強化など、なりふり構わぬ株価維持対策が展開された。チャイナショックは、中国証券界にとっては未だにトラウマになっており、同様の事態を二度と繰り返さないことは、中国の証券関係者に広く共有されている。

規模では世界トップクラスにまで急成長した中国の証券市場だが、その構造を見ると、まだまだ未成熟な部分が多く残っている。

その象徴が、個人投資家の割合が圧倒的に大きく、機関投資家が少ないことだ。

上海証取の投資家構成（売買比率、２０１５年）では、個人が87％、一般法人が２％、機関投資家が10％となっている。厳しい資本規制のため、外国人投資家は２０１４年に開始された香港とのストックコネクトを通じて、わずかに存在する程度だ。

このため、企業業績や経済動向等に基づいて合理的な投資行動を行う機関投資家よりも、相場のセンチメントや風評に流れやすい個人投資家が相場をリードすることになる。中国の株式市場が「投資ではなく投機」の場になっている最大の原因といわれている。

また、中国は資本の完全自由化に踏み切っておらず、クロスボーダーの証券取引にはいまだに数多くの規制や制約が伴う。外国人投資家が中国の証券に投資することも、中国の投資家が海外の証券に投資することも、日本のように自由に行うことはできない。このため、巨額に膨れ上がったチャイナマネーの行き先は、国内のインフラ・不動産投資か、株式市場に集中するしかない。こうした中国の閉鎖的な市場構造が、時としてジェットコースターのような株価の乱高下を産み出す。

巨大市場に残されたフロンティア

証券業は、銀行業や損害保険業とは異なり、WTO加盟後も外資参入は厳しく制限された。外資による合弁証券の出資比率は33％（2012年に49％に緩和）が上限とされ、親会社との利益相反防止を理由に、売買仲介（ブローカー業務）やアセット・マネージメント等の典型的な証券業務も認められてこなかった。

野村證券や大和証券は1980年代前半に北京事務所を開設し、中国の証券市場の発展に長年貢献してきたが、約40年近くも営業拠点となる支店すら設置できなかった。日系に限らず、欧米の証券会社も中国ビジネスに苦難の歴史を抱えている。

２０１８年４月、習近平国家主席が参加した海南島でのボアオ・フォーラムで、中国は金融の対外開放を公表し、直ちに出資上限を過半（51％）に引き上げるとともに、その３年後（２０２１年）からは、外資系証券会社の独資参入も認められることになった。

この規制緩和を受けて、多くの外資系証券が一気に中国市場への参入をめざして動き始めた。詳しくは後述するが、何十年も続いた岩盤規制がやっと緩和され、本格的な外資参入の風穴がやっと空いたのだ。

中国招商銀行と米系コンサルティング会社との共同調査（２０１７年発表）によれば、中国の個人金融資産は１８８兆元（約３１４０兆円）と見込まれ、投資可能な資産を１０００万元（約１・７億円）以上保有する富裕層は１６０万人以上に上り、10年前の８倍以上に増加したとしている。過去10年で毎日４００人以上の億万長者が誕生している計算になる。

中国人投資家の海外投資や高度な金融商品に対するニーズは着実に高まっていると考えられるが、それに応えられる制度的な環境整備は遅れてきた。

中国の健全な証券市場の発展のためには、機関投資家の育成や対外開放の推進が重要だ。

また、個人投資家の金融教育も重要な課題といえよう。時間はかかるだろうが、マクロ経済構造を「貯蓄から投資へ」転換を進めていくためにも避けては通れない道だ。

中国の証券市場は、巨大マーケットに残された数少ないフロンティアであり、国際化は不可逆的な時代の流れだ。そのなかで、日中間のクロスボーダー取引を拡大していくことは、両国投資家の投資機会の拡大、両国証券市場の活性化など、双方にとってメリットは大きい。

「中国の株式市場は世界トップクラスに成長したが、我々は証券制度を日本から学んだ。1998年に制定された中国の証券法のモデルは、じつは日本の旧証券取引法だ。80年代以降、日本の証券会社で多くの若手が研修を受けた。その人たちが現在の中国証券界を支えていることを忘れてはならない」

2019年冬の北京、1980年代に東大法学部に留学した旧知の法律専門家は、杯を酌み交わしながら、証券市場分野での日中協力の重要性を熱っぽく語ってくれた。

中国証券市場の対外開放は、わが国が金融における「一日の長」を発揮できる、大きなビジネスチャンスと考えている。

第三節　世界第2位の保険市場

生保も損保も世界第2位に成長

中国語で、生命保険は「人寿保険」、損害保険は「財産保険」という。

中国の保険市場は、生命保険、損害保険のいずれも、日本を抜いて、米国に次ぐ世界第2位の規模に成長している。なお、1995年に施行された「保険法」に基づき、医療保険や傷害保険の一部を除き、生命保険業務と損害保険業務を兼営することは禁止されている。

中国の生命保険料収入の総額は、2012年に初めて1兆元（約17兆円）を超え、5年後の2017年には2・6兆元（約43兆円）に達し、日本を抜いて米国に次ぐ世界第2位の規模となった。【図表1-3-1】

世界の生命保険市場における国別シェア（2017年、保険料ベース）を見ると、トップ3の米国（20・6％）、中国（12・0％）、日本（11・6％）がシェア2桁以上であり、その後に英（7・1％）、仏（5・8％）が続いている。

図表1-3-1　世界の生命保険市場の国別シェア(2017年、保険料ベース)

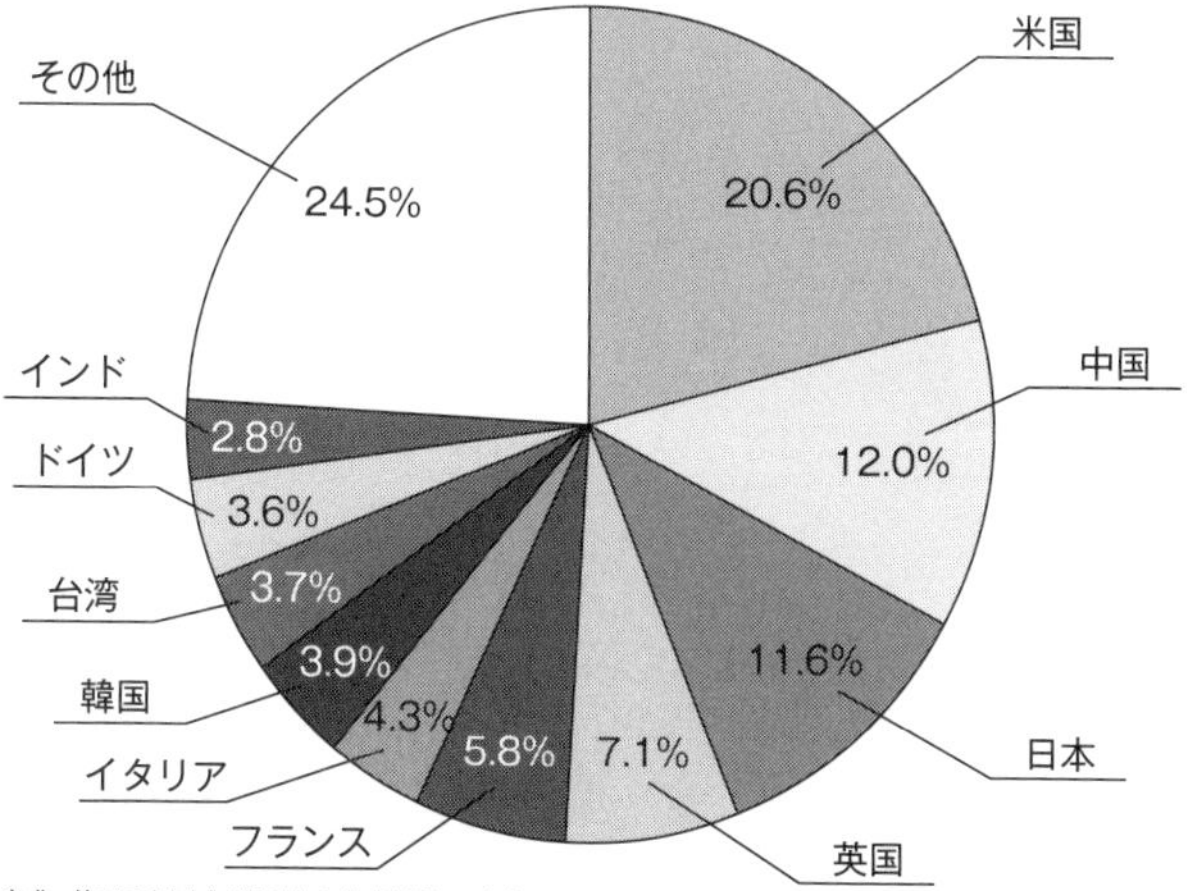

出典:第1回中国金融研究会資料(第一生命ホールディングス作成)

図表1-3-2　国民1人当たり生命保険料収入(米ドル)

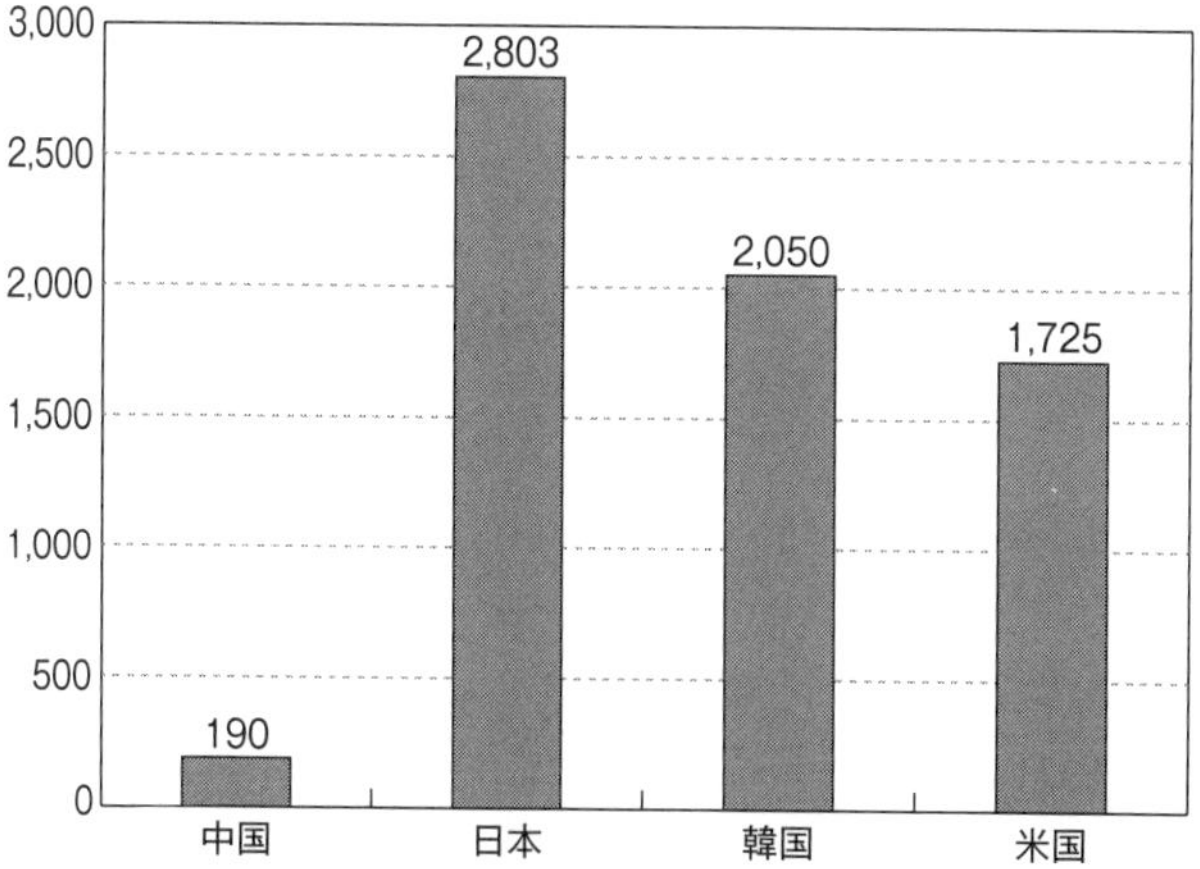

出典:第1回中国金融研究会資料(第一生命ホールディングス作成)

図表1-3-3　国別損害保険料上位国

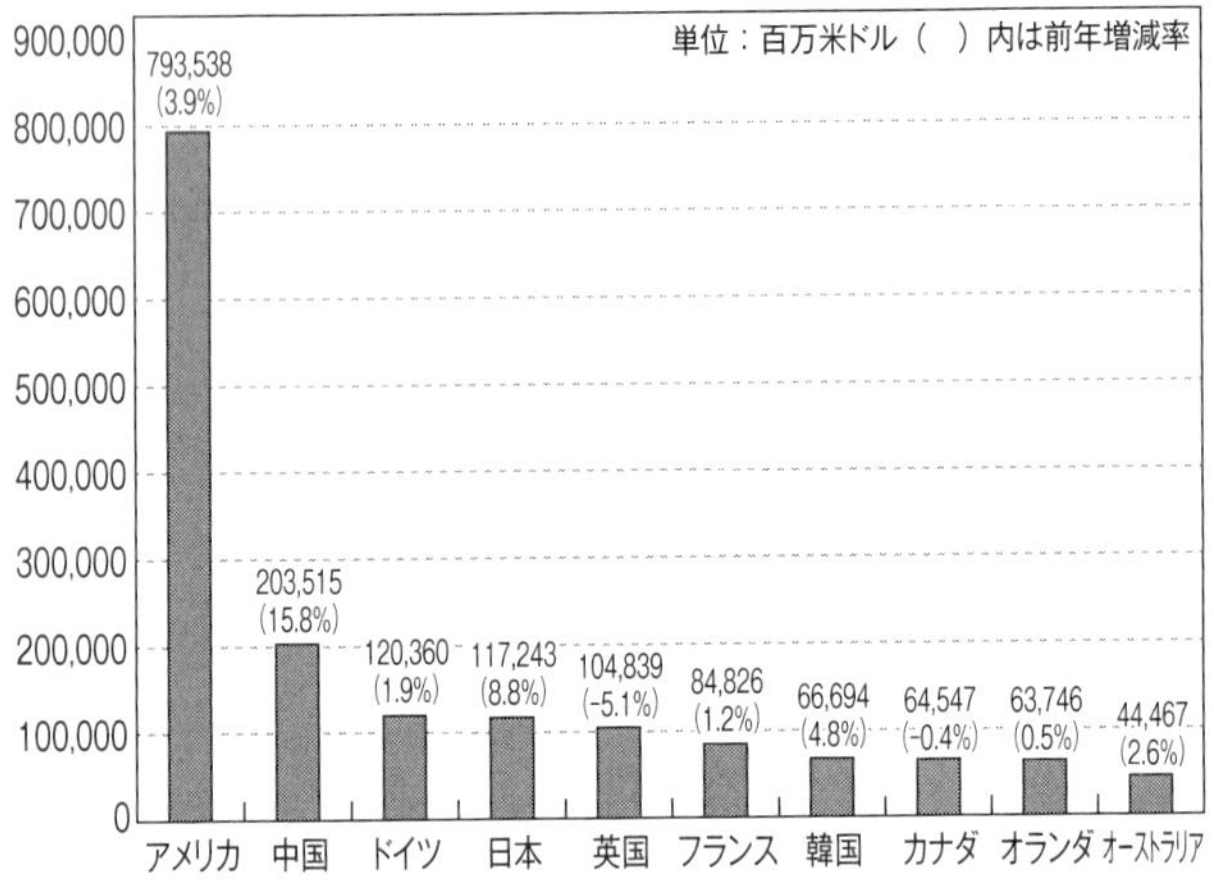

出典：第1回中国金融研究会資料（SOMPOホールディングス作成）

しかし、国民1人当たりの生命保険料はわずか190ドル（約2万円）にすぎず、日本の10分の1以下であり、依然として十分な成長余地が見込まれている。【図表1−3−2】

中国の損害保険市場も年々拡大を続けている。過去10年間（2007〜2016年）の損害保険料収入の伸びを見ても、平均の伸び率は年20%近い。今後についても、引き続き高い成長率が見込まれている。

損害保険料収入の総額は2017年に初めて1兆元（約17兆円）を超え、2012年からわずか5年で市場規模はほぼ倍増した。国際比較（2016年時点）すると、市場規模は日本の約2倍弱に達しており、米国に次ぐ世界第2位の損害保険市場となっている。ド

イツ、日本がそれに続く。【図表1－3－3】
　2018年2月、中国保険当局の陳文輝・副主席（次官クラス）が、保険監督者国際機構（IAIS）の執行委員会副議長に立候補し、選任された。IAISとは、保険会社の監督や規制に関する国際ルールの設定主体で、G20を含む世界200以上の法域の保険当局から構成される国際組織だ。議長は英国、副議長は日本と米国であったが、新興国を代表する第三の副議長が新設されることになり、初代には中国が就任した。中国保険当局の国際人材の少なさを知っていた私は、そのあまりに野心的な挑戦に驚きを禁じえなかった。
　結局その直後、中国の行政機構改革で保険当局が銀行当局に統合されたことに伴い、陳文輝氏は保険当局を離れ、折角手に入れた副議長の椅子も南アフリカに譲ることになったが、中国の保険市場が国際金融システム上も重要な存在になったことを象徴的に示すエピソードであった。

中国の生命保険――短期投資型から長期保証型へ

　中国で営業している生命保険会社は、外資系も含めて全部で85社（2017年末現在）あるが、中国資本のトップ5（中国人寿、平安人寿、安邦人寿、太平洋人寿、泰康人寿）だけで、

図表1-3-4　中国で営業する生命保険会社(内資上位10社)

		本社	開業年	出資者等	2017年 保険料収入 (百万元)
1	中国	北京	1949		512,268
2	平安	深圳	1988		368,934
3	安邦	北京	2010		189,578
4	太平洋	上海	1991		173,982
5	泰康	北京	1996		115,378
6	太平	上海	2001	AGEAS(ベルギー)	113,925
7	新華	北京	1996		109,294
8	人民	北京	2005	住友生命	106,235
9	華夏	天津	2006		86,958
10	富徳生命	深圳	2002		80,403

出典：第1回中国金融研究会資料(第一生命ホールディングス作成)から抜粋

市場シェアの過半を占める寡占市場である。ただし、他業態と比較しても、国内大手間の競争は非常に激しく、民間企業の成長がとくに著しい分野でもある。【図表1−3−4】

最大手の中国人寿は国有企業で、農村部を含め中国全土に販売ネットワークをもち、長年にわたり首位に君臨してきた。

第2位の平安人寿は平安保険グループの生命保険部門であり、民間保険会社としては中国最大手である。また、FSBが2016年まで公表していた「グローバルな金融システムに重要な影響を及ぼす保険会社」(G−SIIs)9社の1社として、中国の保険会社で唯一指定されていた。

第3位の安邦人寿は、鄧小平の孫娘婿だっ

た呉小暉氏が創業し、生命保険会社を中核に短期間で一大金融グループに成長した。２０１４年には、ニューヨークの名門ホテル「ウォルドルフ・アストリア」を買収するなど派手な事業展開で知られた。しかし、２０１８年２月に呉氏が逮捕され、中国保険当局は安邦保険集団を公的管理に置いた。呉氏は、詐欺や職権乱用で懲役18年の有罪判決を受けており、今後の同社の動向が注目されている。

日系生保との関係では、中国損保最大手の中国人民保険（ＰＩＣＣ）が設立した人民生命に日本の住友生命が10％出資しており、上位10社の一角を占めている。

生保業への外資参入は、証券業と同様に厳しい制限が続いてきた。出資比率の上限は50％以下に規制され、独資での参入は認められてこなかった。

しかし、中国生保市場の成長性を狙って、世界の主要な保険会社の多くが中国側パートナーとの合弁会社形態で中国市場に参入しており、外資系（外資の出資比率が25％以上）も28社存在している。日系では、日本生命が長生人寿保険、明治安田生命が北大方正人寿を合弁で設立している。中国の生命保険の販売は、個人代理店と銀行窓販が二大ルートとなっており、中国側パートナーは、中国全土に支店網を有する現地大手銀行やその関係会社、多くの従業員を抱えて職域セールスが期待できる現地大手企業などが中心である。

厳しい規制環境もあり、外資系の市場シェアは、近年徐々に拡大してきているものの、7・4%(2017年)に留まっている。中国政府は金融の対外開放を促進するため、2018年に外資参入規制の緩和を公表し、それから3年後の2021年には出資比率の上限規制は完全に撤廃される予定だ(注:2019年6月、李克強首相が更なる前倒しを公表)。今後、日系を含めた外資系による中国生保市場での参入はいっそう活発化していくことが見込まれる。

たとえば2018年5月には、日本の損保会社である三井住友海上火災が、中国交通銀行傘下の交銀康聯人寿保険の持ち分37・5%を、オーストラリアのコモン・ウェルス銀行の生命保険子会社から取得し、中国生保市場に参入することを公表した。また、同年11月には、ドイツの大手保険会社アリアンツに対して、初の外資系保険持ち株会社の設立が承認されている。今後、外資参入の動きは本格化していくと見られる。

中国の生命保険市場は、利回り保証付きの貯蓄性商品の割合がきわめて高いというのが特徴だった。近年の急成長は、「ユニバーサル保険」といわれる短期で高利回りの投資型商品が支えてきた。生命保険事業の約2割を占めるまでに成長したが、保険当局が金融リスクの観点から問題視し、2016年には短期商品の販売禁止、販売への総量規制等の抑制策が導入された。

中国保険当局は、リスク保証への回帰、長期貯蓄型保険商品の販売を推進している。中国はまもなく本格的な高齢社会に突入するが、社会保障制度の整備が追いついておらず、「養老保険」と呼ばれる老後保障分野、「健康保険」と呼ばれる医療保険分野への潜在的ニーズは非常に大きい。

中国の生命保険市場は、所得水準の向上や高齢化の進展等を背景に、従来の投資リターン重視の短期投資型から、リスク保証重視の長期保証型の保険商品にシフトしていくと見込まれる。保険加入者のニーズもさらに高度化していくだろう。外資開放の動きと相まって、高齢社会のノウハウを豊富にもつ日本の生命保険会社にとっても、大きなビジネスチャンスといえる。

中国の損害保険——主戦場は自動車保険

中国の損害保険会社は、外資系も含めて全部で85社（２０１７年末現在）あるが、中国資本のトップ３（中国人民、平安、太平洋）だけで、市場シェアの約60％を占めており、生保以上の寡占市場といえる。とくに、１９４９年の中国建国以来、国営損保会社として活動してきた中国人民保険（PICC）は、1社だけで約3分の1の圧倒的シェアを誇る。二番手以降の平安保険や太平洋保険は、1980年代後半以降に設立された民間企業である。

損保の外資参入については、生保と異なり、中国のWTO加盟によって外資全額出資（独資）による参入が認められた。しかし、その後も地域限定免許制や自賠責保険販売の制限等の外資規制がしばらく残り、拠点数の少なさや知名度の低さもあって、外資のシェアは約2％（2017年）と非常に低いままだ。

日系では、東京海上日動、三井住友海上、損保ジャパン日本興和、あいおいニッセイ同和の4社が独資で中国市場に参入している。日本国内では損保ジャパンと日本興和は経営統合しているが、中国当局が外資保険会社の数が減るのを恐れてか、中国法人の統合はいまだに承認されていない。また、日系銀行の現地法人はすべて上海に本部を置いているが、損保の場合は、中国当局の指導もあって、上海、大連、天津、深圳と地域的に分散した格好になっている。

中国における最大の損害保険種目は自動車保険であり、全体の8割近く（2016年）を占めている。中国の自動車市場は、2009年に米国を抜いて世界最大となり、2013年には世界発となる2000万台を達成し、近年では年間3000万台の大台に近づいてき

図表1-3-5　中国自動車販売台数推移

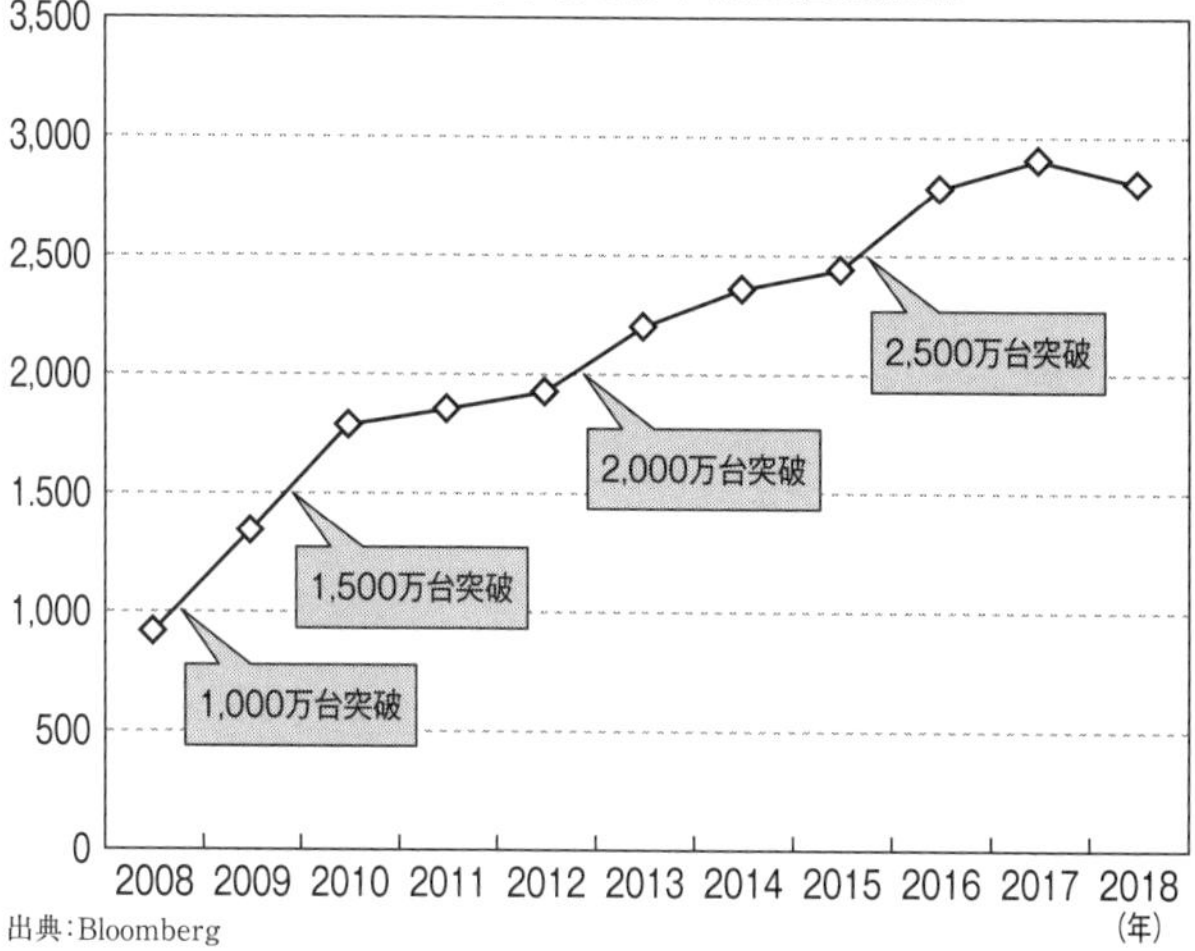

出典：Bloomberg

た。【図表1-3-5】

中国の自動車保険市場は、自動車保有台数の増加に保険加入率の伸びも加わって急成長してきた。しかも、国別の1人当たり乗用車保有台数（2015年）で見ると、日本を含むG7主要国はおおむね0・4〜0・6台に対し、中国は0・1台にすぎず、さらなる大幅な伸びが期待されている。

外資も、成長著しい中国の自動車保険市場を狙っている。たとえば、フランスの大手保険会社アクサ（AXA、中国語で安盛）は、2014年に中国資本の天平自動車保険を買収し、外資系の弱点である現地販売ネットワークや知名度の不足の克服を図り、外資系のなかでトップシェアに躍り出た。

中国の保険市場は、生保も損保もまだまだ成長余地が大きい、きわめて有望な市場だ。しかし、その対外開放と自由化はやっと本格化したばかりだ。その意味で、証券業と並んで、巨大なビジネスチャンスが眠る、最大のフロンティアの一つといえよう。

２０１８年４月の銀行当局と保険当局の統合により、規制当局サイドの国際経験や人材の充実も期待される。保険分野は、とりわけ販売チャネルをもつ中国側パートナーとの提携が重要であるが、保険会社同士のマッチングについても中国当局の影響力は非常に大きい。金融のなかでも、保険分野は官民が一体となって戦略的に対応していくことが最も重要な業種であると考えている。

フィンテックで注目される平安保険

最近、中国の保険会社でとくに注目されているのが平安保険だ。

平安保険グループは１９９８年に保険事業をスタートし、わずか20年で生保・損保とも中国第2位に成長した民間保険会社であるが、保険や金融の分野にとどまらず、本業の保険事業と親和性の高いヘルスケアや自動車の分野にも積極的に進出している。顧客基盤は5億人を超えるといわれる。

そのカギは、最新テクノロジーの徹底的なビジネスへの活用だ。既存の金融サービスのネット化を超えて、画期的なビジネスモデルで革新的な金融サービスを提供している。

2013年には、アリババグループやテンセントと一緒に、中国初の純ネット保険会社である「衆安オンライン損害保険」を設立した。ネットショッピングに伴う物損や商品返送料の補償、中国では頻繁に発生するフライト遅延時の費用補償など、ニッチ分野の保険サービスで急成長し、瞬く間にネット保険最大手に成長した。スマホやスマートウォッチで計測した身体データを、保険料や保険金に連動させた医療保険も開発販売している。同社は中国のネット保険市場の牽引《けんいん》役でもあり、わずか3年後の2016年には、ネット保険市場は会社数100社以上、年間契約保険料2348億元（約3・9兆円）に達し、急速に拡大している。

平安保険は、金融分野に加えて、ヘルスケア事業への分野にも積極的に進出している。「平安グッドドクター」（ネットによる病院予約サービス）、平安ヘルスコネクト（医療機関向けクラウドサービス）などを設立し、かつては「長時間待ち・短時間診療」で利便性がきわめて低かった中国の医療サービスの近代化・効率化やサービス向上に大きく寄与しているといわれている。こうしたネット事業は、本業の保険事業にも相乗効果で寄与しており、保険の新規顧客の約４割がネットサービス経由とされる。さらに最近では、中国各地に、地域の医療機関が先進医療設備を共同利用するための拠点整備も進めており、今後、医療サービスと保険サービスの総合的・一体的な提供が進んでいくと考えられる。

平安保険グループのフィンテック開発の核とされるのが、「平安科技」といわれるテクノロジー開発子会社だ。顔認証技術、モバイル、クラウド、ビッグデータ、ＡＩ（人工知能）等の先進技術を融合させ、金融サービスを含むグループ事業に応用し、実務レベルでの画期的イノベーションを加速させている。こうした画期的なビジネスモデルは市場からも高く評価されており、平安保険の時価総額は、中国企業ではアリババやテンセントに次ぐ規模となっている。

本業の保険事業どころか金融業の枠さえ超えて、総合的なフィンテック・プラットフォーム企業に変貌しつつある平安保険の動向は、伝統的な金融業とフィンテックの関係を考えるうえでも興味深い事例だ。

第四節　巨大な「シャドーバンキング」

世界第2位のシャドーバンキング規模

「中国では、『シャドーバンキング』（影の銀行）が大きな問題になっていると聞くが、あれは日本のヤミ金のような違法金融のことか？」

日本で中国経済の話をしている際によく聞かれる質問の一つだ。「シャドーバンキング」という言葉の響きと、しばしば日本でも報道される中国のヤミ経済や超高利貸しなどのイメージと結びついて、大きな誤解につながっているようだ。

「シャドーバンキング」は、主要国の金融当局などが国際金融規制を議論する金融安定理事会（FSB）が定義しており、一言でいえば「銀行システム以外で行う信用仲介」を意味する。**【図表1－4－1】**

具体的には、証券会社や投資ファンドなどの非銀行セクターの金融機関（シャドーバンク）による、債券投資ファンド、MMF（マネー・マーケット・ファンド、短期公社債投資信託）、

図表1-4-1　シャドーバンキング（銀行システム以外で行う信用仲介）

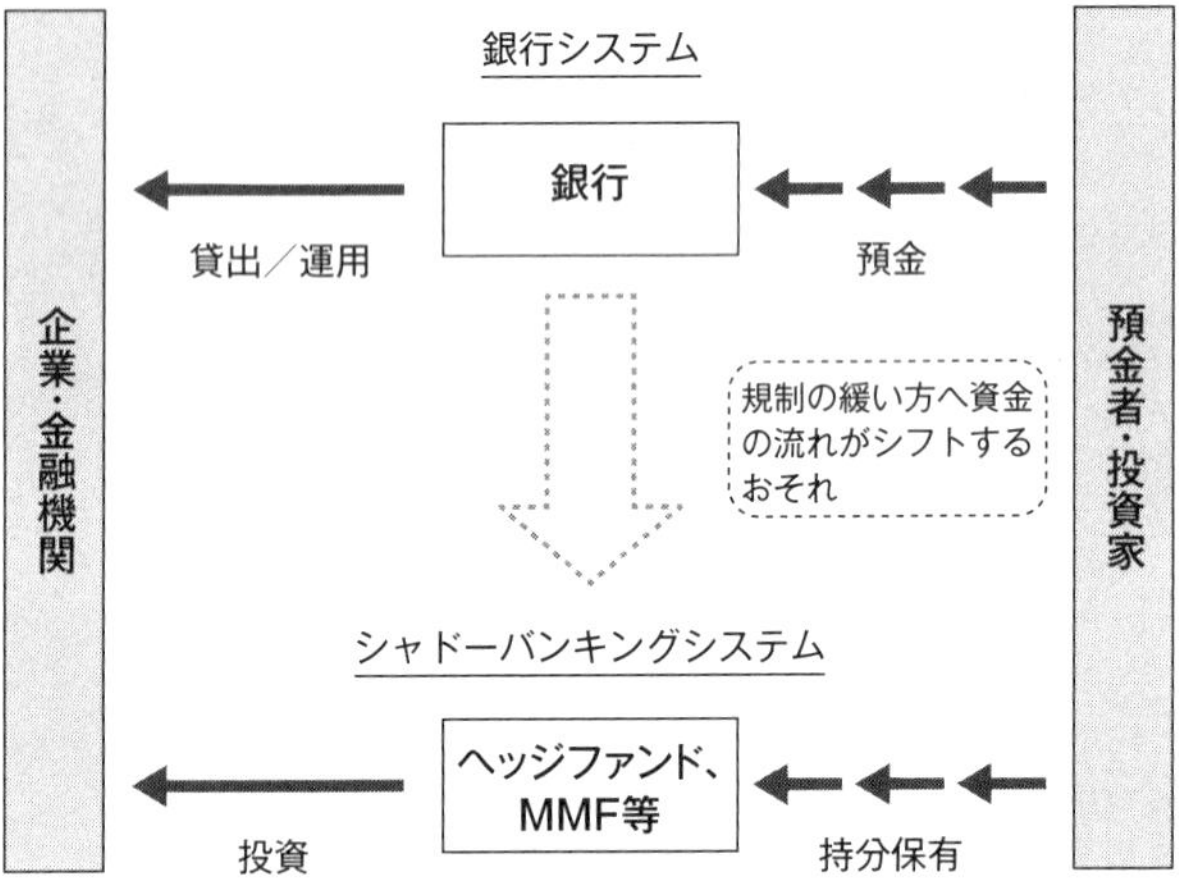

ヘッジファンド等の投資用金融商品が該当する。誤解を招きやすいネーミングだが、法令に基づくオフィシャルな金融活動であり、金融当局の国際会議においても、最近は「非銀行（ノンバンク）金融仲介」という用語もよく使用される。

２００８年の世界金融危機では、銀行のような厳しい規制や監督を受けない非銀行セクターに資金が大量シフトしたことが原因の一つとされた。その反省から、「シャドーバンキング」への監督や規制の強化が国際金融規制の大きな課題となった。G20メンバーである中国も、FSBによる国際モニタリングの対象になり、国際基準に沿った対応が求められた。

図表1-4-2　シャドーバンキング規模の国別シェア

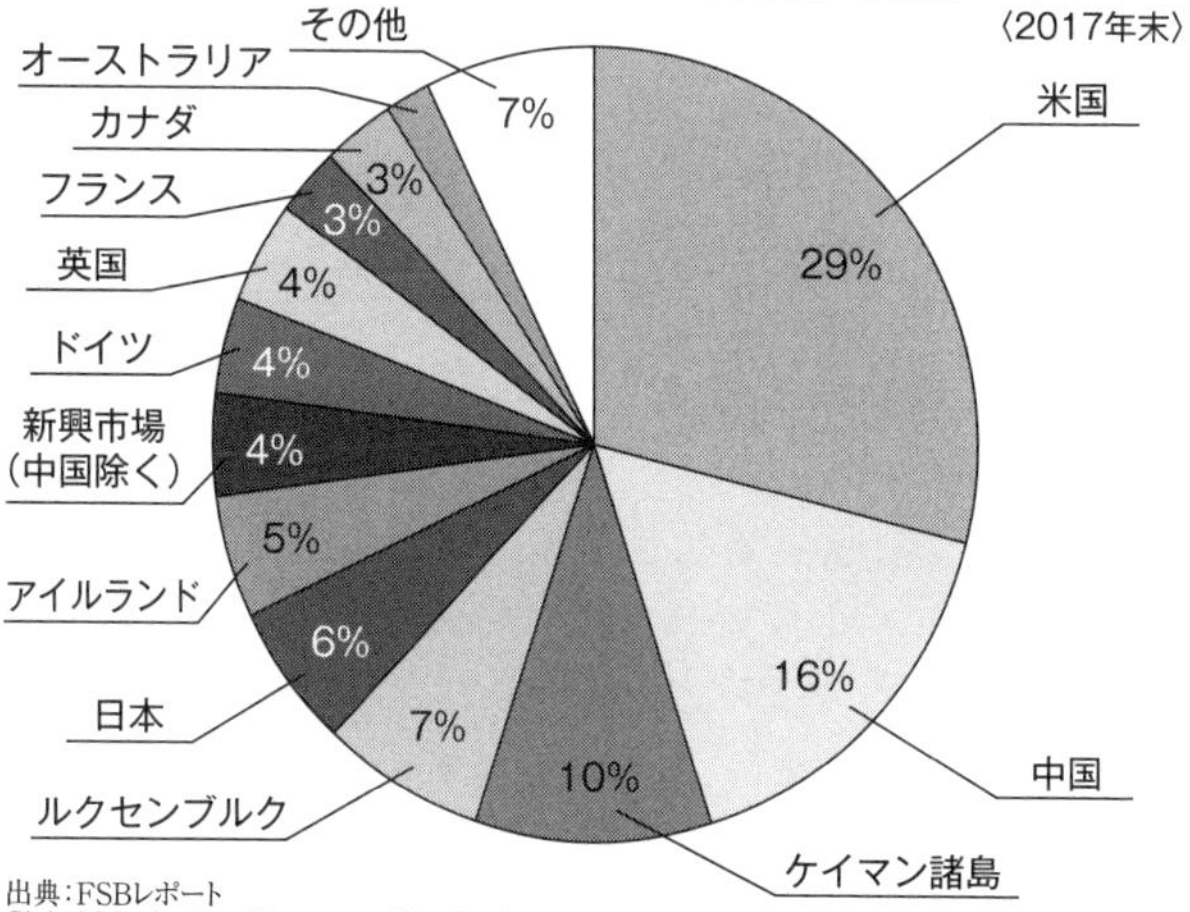

出典：FSBレポート
Global Monitoring Report on Non-Bank Financial Intermediation 2018

中国の「シャドーバンキング」の範囲や規模については、FSBが毎年公表している世界のシャドーバンキングに関するレポートが参考になる。なお、FSBの調査対象は、金融安定の脅威となるリスクを有するものに限られ、保険会社や年金基金は原則として含まれない。

同レポートによれば、中国のシャドーバンキングの資産規模は2017年末で8・2兆ドル（約900兆円）、米国に次ぐ世界第2位の規模であった。日本（約320兆円）の約3倍弱の規模である。

国別シェアを見ると、トップの米国が29%、第2位の中国は16%となっている。その後は、ケイマン10%、ルクセンブルク7%、

日本6％、アイルランド5％が続く。【図表1―4―2】

シャドーバンキングの中身――入口は集団投資スキーム

中国のシャドーバンキングの中身を、資金の流れから見てみよう。

まず入口だが、中国で「理財商品」や「資産管理商品」といわれる集団投資スキーム（ファンド）が中心だ。中国に駐在していると、SNS等で頻繁に商品案内のセールスが届く。

資産管理商品を販売している主体は多様だ。販売規模（中国人民銀行統計、2017年）の順番で見ると、銀行、信託会社、証券会社、基金会社、公募基金、私募基金、保険会社となっている。もともとの業種や既存・新規を問わず、大手金融機関やファンド専業会社が入り乱れての競争となっている。【図表1―4―3】

中国の資産管理業界の規模は、2017年末に、ちょうど100兆元（約1670兆円）に達した。中国の銀行預金残高（167兆元）の約6割に相当するほどの規模だ。

商品別シェアでは、商業銀行が販売する銀行理財商品（22・2％）が最も大きい。銀行が投資商品を作って顧客に売り、信託会社が顧客資産を預かって運用する仕組みだ。資金が通常の銀行ルート（預金から銀行貸出へ）を流れず、銀行自体の貸借対照表には反映されない

図表1-4-3　資産管理業界の商品種類別規模の動き

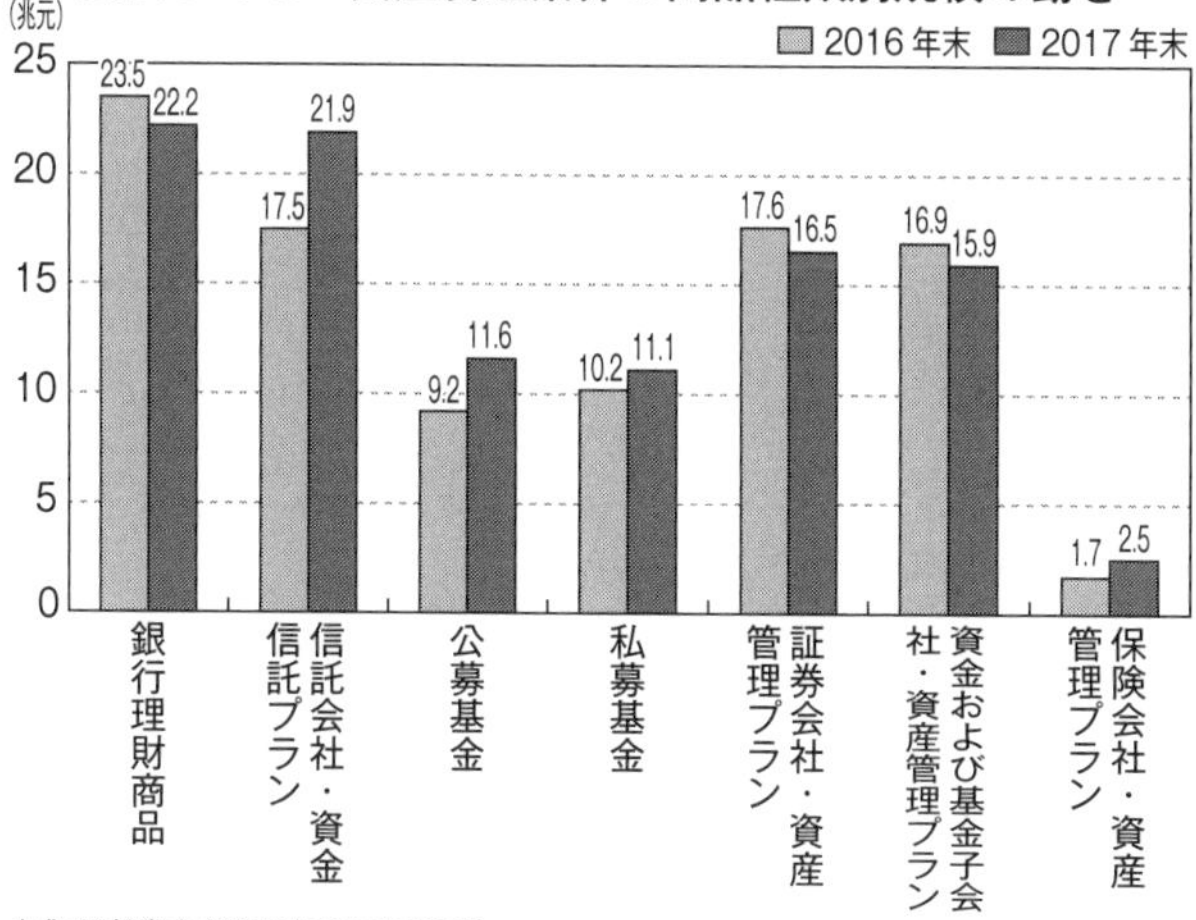

出典：野村資本市場研究所北京事務所

オフバランス業務になるため、シャドーバンキングに分類される。しかし、実質的には銀行の金融商品そのものであり、銀行代替的な資金の流れと言える。

2番目に大きなシェアをもつのは、信託会社（シェア21・9％）が販売する「単一資金信託」や「集合資金信託」である。単一資金信託は、機関投資家など単一の顧客向けにオーダーメードで組成される信託で、信託会社の資産の約半分を占める。集団資金信託は、いわゆる公募投資ファンドのことで、信託会社の資産の約3分の1を占める。

関連で、中国のMMFにも触れておきたい。日本でも馴染みが深い投資商品のMMFだが、じつは「シャドーバンキング」を代表する金融商品の一つである。ＦＳＢは、債券投資ファンドやヘッジファンドと同様、「取付けに直面しやすい特徴を有する集団投資ビークル」に分類している。

中国のＭＭＦ純資産残高は、２０１２年末から２０１７年末のわずか5年間で約13倍に急成長し、７・３兆元（約１２２兆円）に達した。

この急拡大には、２０１３年6月、アリババの決済サービス「支付宝」（アリペイ）に導入された、個人向け口座の余資運用サービス「余額宝」が大きく寄与していると言われている。予め契約しておけば、チャージ残高を自動的にＭＭＦで資金運用してくれる便利なサービスで、爆発的な人気が出た。なにしろ、中国のＭＭＦ利回りは当時３〜４％もあり、金融商品としても安全で魅力が高かった。

スマホで手軽に自動運用できる仕組みができたことで、家計貯蓄に占めるＭＭＦの比率も、「余額宝」導入時の１％程度から、わずか数年後の２０１７年には10％超へ飛躍的に上昇した。フィンテックが、決済のみならず資金運用を変え、さらには金融構造まで変化させた典型的事例といえるが、結果的に中国のシャドーバンキングの規模拡大にもつながった。

シャドーバンキングの出口——インフラや不動産開発に流れる資金

次に、シャドーバンキングの資金の出口を見てみよう。

非銀行セクターで集められた資金は、ファンド等を通じて実体経済に流れ、何らかの収益事業に投融資されることになる。かつては大部分が銀行融資という形で実体経済に流れ、それ以外は若干の直接金融（企業が発行する株式や債券）がある程度であった。しかし、「シャドーバンキング」は第3の資金ルートを確立した。

ＩＭＦが２０１７年に公表した中国へのＦＳＡＰ（金融セクター評価プログラム）の報告書は、非銀行金融機関による信用供与先の大半が、インフラ、建設、不動産など、銀行貸出が制限されている脆弱なセクターであり、銀行に対する規制が強化されるなかで、地方政府のインフラ投資などに関連する資金需要が、規制の比較的弱い非銀行金融機関にシフトしている可能性を指摘している。

中国国内でも同様の見方が一般的だ。２００８年の世界金融危機対策として世界的に注目された「４兆元の経済対策」の後、多くの地方政府が、インフラ投資や不動産開発投資等を行うプロジェクト会社として、「地方融資平台」と呼ばれる第三セクター的な金融プラットフォームを中国全土で設立した。当時から採算性の低い過剰投資の懸念があったが、中国経済の高成長にも支えられ、旺盛な資金需要が続いた。**【図表1－4－4】**

図表1-4-4　地方融資平台を通じたプロジェクト実施スキーム

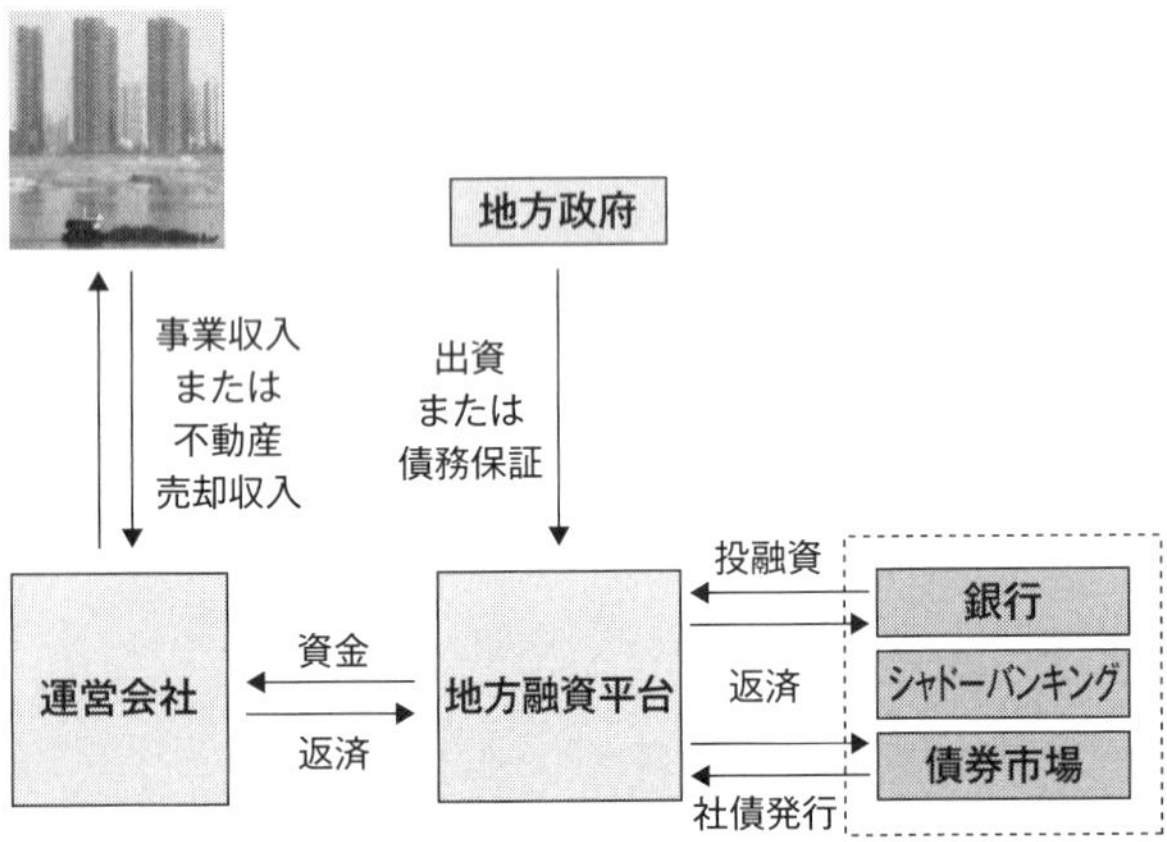

出典：筆者作成

　習近平政権が２０１２年に発足し、マクロ経済コントロールや構造改革路線が強化され、銀行融資にもさまざまな制約が課されるなかで、銀行融資では賄いきれない資金需要を支えたのが、第３ルートのシャドーバンキングだった。まさに「上に政策あれば、下に対策あり」。

　地方政府にとって、プロジェクト推進のためには、銀行融資より資金コストが高くても、自由で確実に調達できるシャドーバンキングの資金は魅力だった。投資家は、短期資金を中長期で運用する仕組みから生じるハイリターンに魅了され、政府や金融機関による「暗黙の保証」の安心感もあって資産管理商品に殺到した。こうして需要と供給が見事にかみ合い、瞬く間にシャドーバンキングは膨張し、中国の金融システムにビルトインされていった。

金融システムにとって最大の脅威

中国政府も、従来の「銀行融資総量」だけでは社会全体の資金の流れを把握できなくなったことを踏まえ、２０１１年に「社会融資総量」という新たな統計概念を導入し、非銀行ルートの資金の流れも含めてマクロ経済コントロールに万全を期そうとした。しかし、実体は政府の予想をはるかに超えたスピードで変化していった。

さすがの中国政府をもってしても、第３ルートの資金の実態把握は非常に難しい。業態ごとのマイクロ・マネージメントで情報管理可能な銀行融資や証券投資とは異なり、資金の流れが複雑で変化が早く、所管官庁も銀行・証券・保険の各当局にまたがるため、統一的管理ができないためだ。

その証拠に、金融統計を見ても、入口と出口の数字は大きなギャップが生じている。

野村資本市場研究所北京事務所の関根栄一首席代表によれば、銀行オフバランス業務について、入口の資産管理商品約１００兆元（約１６７０兆円）に対し、出口の直接金融および

図表1-4-5　社会融資規模と資産管理業務のギャップ（2017年末時点残高）

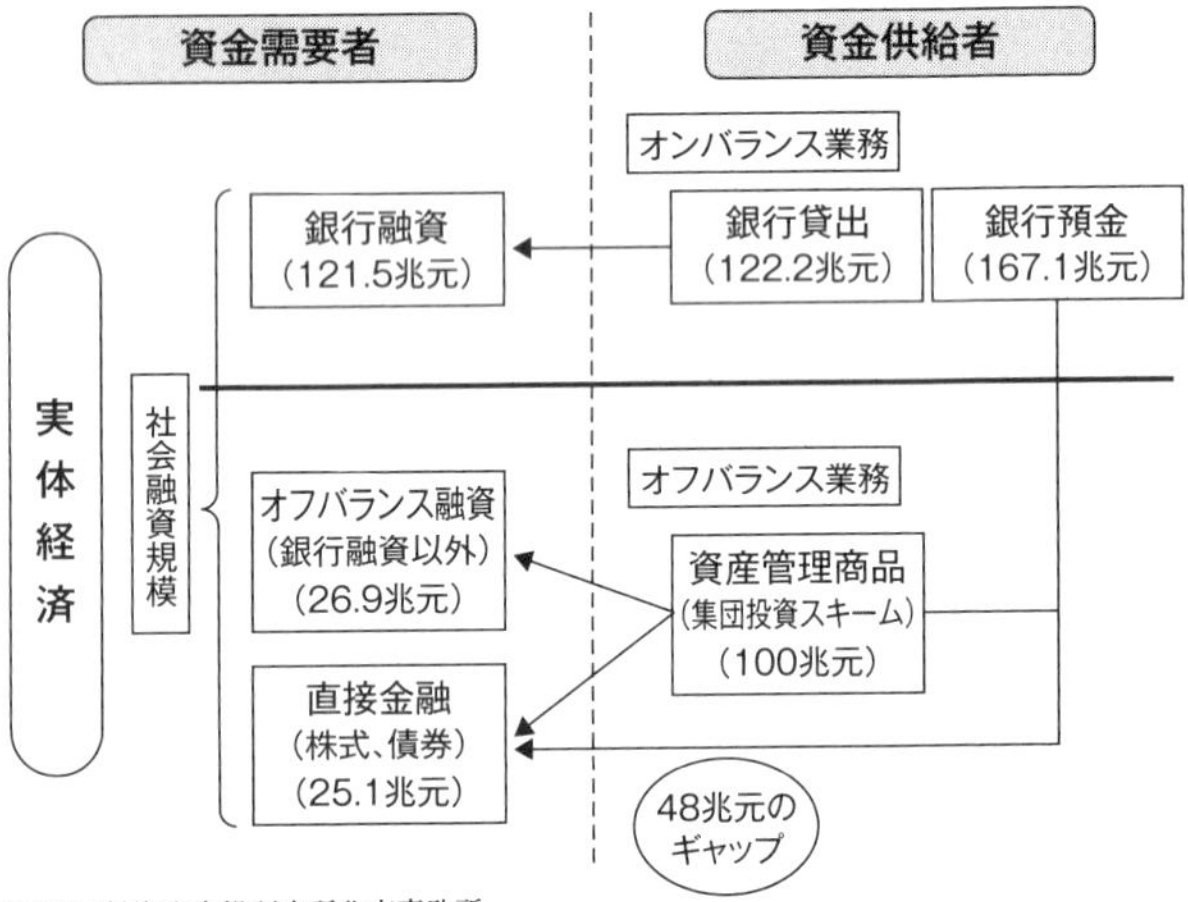

出典：野村資本市場研究所北京事務所

第3ルートのオフバランス融資の合計額は52兆元（約870兆円）であり、ギャップは約48兆元（約800兆円）にも達する。大雑把にいえば、入口の資金のうち約半分の行方がよくわからない計算になる。【図表1-4-5】

習近平政権は、2017年の第19回党大会で2期目に入り、経済の構造改革強化を掲げ、債務水準の引き下げ（デレバレッジ）を強力に進めた。国際的にも適切なマクロ経済政策として評価が高かった。シャドーバンキング対策はその目玉政策であった。

2018年4月、中国金融当局は、資産管理業界の監督管理を強化するため、資産管理業界の業界横断的な監督強化、短期資金と長期資金を混合運用する「どんぶり勘定」を可能にしていた資金プール運用の禁止、業界慣行となっていた確実償還（暗黙の保証）の禁止などを断行した。

しかし、性急で行きすぎた引き締めは、すぐに実体経済の資金不足を引き起こし、景気悪化の元凶とされた。シャドーバンキング縮小により、とくに中長期資金の供給源が絞られ、そうした資金を必要とするインフラ投資や不動産開発投資の多くが資金不足の状態に陥り、実体経済が悲鳴を上げ始めた。

その結果、数カ月後の2018年夏には、経済政策自体が景気下支えに方向転換され、資産管理業に対する規制も導入時期が大幅に延期されるなど、実体経済にマイルドな形に軌道修正された。

中国の「シャドーバンキング」は、中国の過剰債務問題の元凶となっていたが、一方で現実問題としては金融システムの一部を構成しており、社会経済的には必要悪だった面がある。マクロ経済政策の観点からは将来的な縮小化と健全化が必要であるが、その手法や進めるペースを間違えると、かえって金融システムを不安定化させ、ひいては国内政治の混乱にもつながりかねない。わが国としても、注視すべき大きな中国リスクの一つだ。

第五節　フィンテック大国・中国

中国フィンテックの実力

中国のフィンテックの実力は、いまや世界が認めるところだ。

ＫＰＭＧコンサルティング社は、オーストラリアのベンチャー・キャピタル会社と共同で「フィンテック１００」というレポートを毎年公表している。世界のマーケットリーダーであるフィンテック企業50社から成る「リーディング50社」のリストを見ると、上位10社のうち4社を中国企業が占めており、中国の「ＢＡＴＪ」（バイドゥ、アリババ、テンセント、ジンドン）の関連金融会社が並ぶ。「ＢＡＴＪ」は、米国の「ＧＡＦＡ」（グーグル、アマゾン、フェイスブック、アップル）とよく比較される中国企業群だ。**【図表1－5－1】**

首位がＥＣ最大手アリババ系の金融会社「アント・フィナンシャル」、2位はＥＣ大手であるジンドン（京東）の金融会社である「京東金融」、4位には中国検索サイト最大手バイドゥ（百度）系の金融会社「度小満金融」（百度フィナンシャル）である。中国勢が最上位を

図表1-5-1　Fintech100〈リーディング50社〉上位10社

順位	銀行名	本店所在地
1	アント・フィナンシャル	中国
2	京東金融	中国
3	Grab	シンガポール
4	度小満金融（百度フィナンシャル）	中国
5	Sofi	米国
6	Oscar Health	米国
7	Nubank	ブラジル
8	Robinhood	米国
9	Atom Bank	英国
10	Lufax（陸金所）	中国

出典：KPMG/H2 Venture フィンテック100レポート（2018年版）

ほぼ独占しており、まるで銀行の世界ランキングと同じような構図だ。

モバイル決済のユーザー数や取引金額も桁違いだ。

アクティブ・ユーザー数（2017年1～3月時点）は、最大手のテンセントが約8・5億人、第2位のアント・フィナンシャルの支付宝（アリペイ）が約5億人、第3位の百度銭包が約7000万人となっている。テンセントはSNSサービスやゲーム、アリババはECサービス（淘宝《タオバオ》や天猫）、百度は検索サービスが顧客基盤の中核となっている。グローバルに見れば、米ペイパルが約2億人、米アップルペイが約1億人といわれており、中国の巨大な人口が中国系企業の圧倒的なユー

図表1-5-2　第三者決済（モバイル決済）のアクティブユーザー数

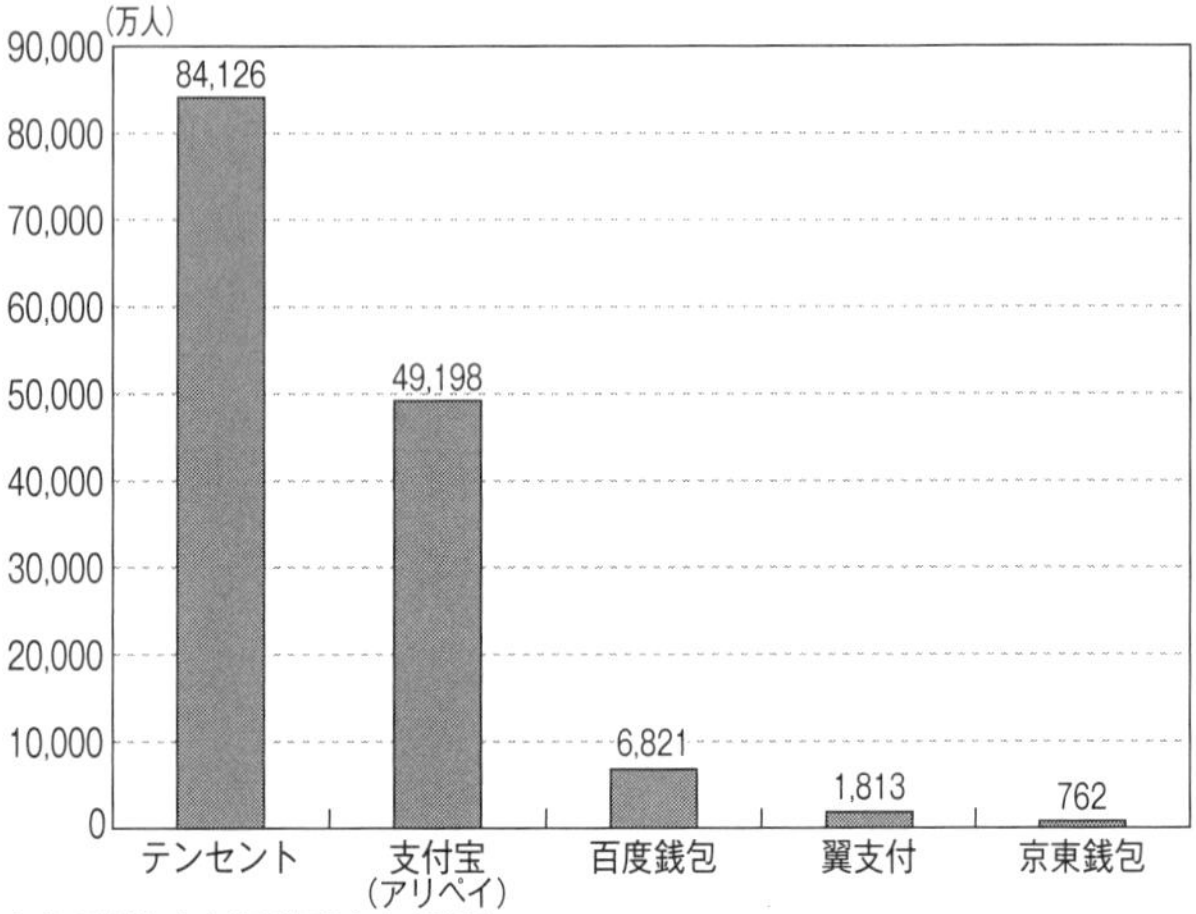

出典：野村資本市場研究所北京事務所

図表1-5-3　モバイル決済の取引金額の推移

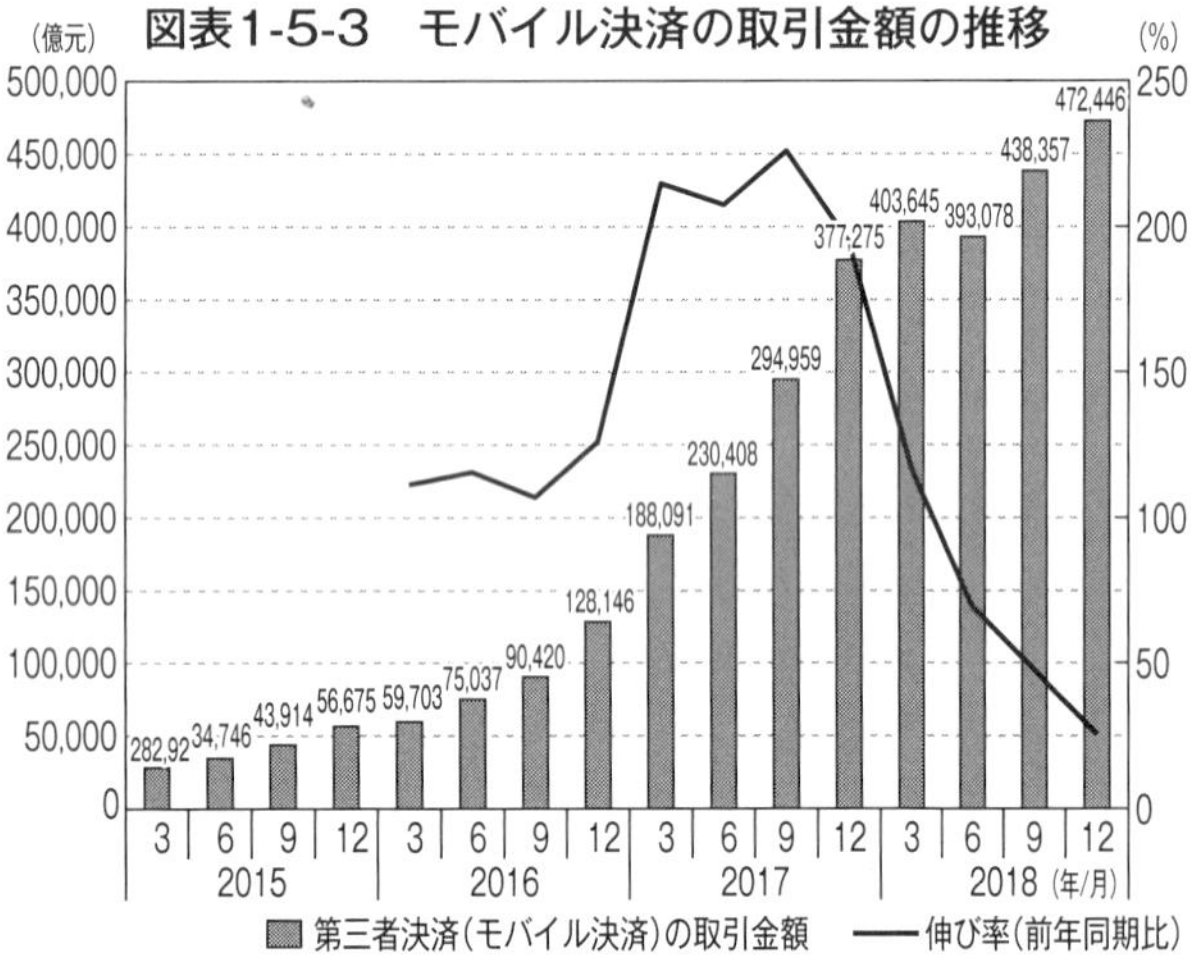

出典：野村資本市場研究所北京事務所

ザー数を支えている。**【図表1―5―2】**

取引金額の推移を見ると、2015年に16兆元（約270兆円）だったものが、2018年は約170兆元（約2800兆円）に達している。3年間で10倍以上の驚異的な伸びを示している。取引金額のシェアを見ると、支付宝（アリペイ）が約5割、テンセントが約4割と、大手2社で9割を超えている。**【図表1―5―3】**

このように、すでに巨大な市場が形成されているが、2018年の段階でも、中国のインターネット利用者数は8億人程度といわれており、人口比の普及率はまだ6割程度にすぎない。とくに50歳以降の中高齢者は利用率が低く、中国のモバイル取引金額はまだまだ伸びる余地がある。

中国のフィンテック企業の所在地は、米国や日本と同様、地域的な集積が見られる。まず、百度や京東の本拠地である北京。清華大学や北京大学などの中国トップ大学が集中している中関村地区は、「中国のシリコンバレー」と呼ばれている。フィンテックを含むハイテク企業が集中しており、大学と連携したスタートアップ企業も多い。

次に、テンセントの本拠地である広東省・深圳市。「紅いシリコンバレー」とも呼ばれ、IT企業やハイテク企業が集中している。あらゆる部品が揃い、秋葉原の30倍といわれる巨大電気街「華強北」が有名だ。

もう一つがアリババの本拠地である浙江省の省都・杭州市。景勝・西湖のある風光明媚な水都であり、中国トップ10大学でエンジニアリングが強い浙江大学がある。2016年の中国G20サミットが開始された都市だが、最近では「アリババの街」としても知られる。

フィンテックと伝統的金融システム

「日本の皆さんは、中国のフィンテックが伝統的金融機関を駆逐するイメージをおもちのようですが、それは違います。あくまでその基礎の上に成り立っているものです」

2018年冬の東京。中国人民銀行研修所の流れをくむ清華大学五道口金融学院の専門家は流暢な英語でこう語った。米国で長く研究生活を送った方で、外国人の視点もよく理解されたうえでの解説だった。私自身、これまで多くの中国フィンテック関係者と面会してきたが、初めて得心できる解説を聞いた気がした。

たしかに中国のフィンテックの発展は著しい。モバイル決済、ビッグデータやAIを活用した自動融資審査など、最新のテクノロジーを駆使した先進的な金融サービスが急速に普及しているのは事実である。

他方で、伝統的金融機関も負けてはいない。決済機能、とりわけ少額決済は新興勢力が急伸しているが、銀行勢もフィンテックを活用した金融サービスの強化を図っている。たとえば、個人向けサービスで定評のある中国招商銀行は、すべての店舗ＡＴＭで銀行カードを不要とし、顔認証による本人確認を実施している。銀行アプリのダウンロード数は８０００万超、ユーザー数は毎日４０００万人超となっている。

また、預金や貸出（とくに事業者向け）等の機能は規制上も引き続き銀行の領域であり、新興勢力に代替される金融機能は全体のごく一部にすぎない。むしろ、国有大銀行も中小銀行もフィンテック企業と積極的に連携を図り、顧客の利便性向上や業務効率化を猛スピードで進めている。

新興勢力と伝統勢力が、フィンテックをキーワードとして、時に競争し、時に連携して切磋琢磨しつつ、新しい時代の金融サービスを社会全体として開発しているのが、現在の中国の実態である。

足元では減少しているフィンテック企業

中国のフィンテックには無限の可能性があるようにも思えるが、意外にもフィンテック企業の数は、足元でむしろ減っている。

清華大学の中国フィンテック企業データベース登録企業によれば、２００８年に２２６社だったフィンテック企業はその後急速に増加したが、２０１５年の４３０８社をピークに減少に転じ、２０１７年には３６０社にまで急減している。**【図表１-５-４】**

フィンテック企業への融資額も同様の動きを示している。成長著しい中国フィンテック業界でいったい何が起きているのだろうか？

中国のフィンテック企業はおおむね５つの業種に分類される。

いちばん数が多いのは、「Ｐ２Ｐ」と呼ばれるネット金融仲介業者だ。金融機関を介さずに、インターネット経由で資金の貸手と借手をマッチングさせるビジネスで、個人や中小零細企業向けの少額融資が中心だ。２００５年に英国で始まり、２００７年に中国初のＰ２Ｐ仲介会社「拍拍」が設立され、２０１３年から２０１５年にかけて中国全土で爆発的に増えた。しかし、詐欺や夜逃げ等の問題企業が続出し、社会問題に発展した。２０１５年７月には監督・監視が強化され、問題企業の淘汰が進められた。中国のフィンテック企業数が急減した最大の要因は、じつは問題あるＰ２Ｐ企業を当局が徹底的に退治した結果だ。

２番目は「ネット金融情報サービス」。当初は、ＳＮＳを活用したオンライン投資情報サ

図表1-5-4　中国フィンテック企業数の推移

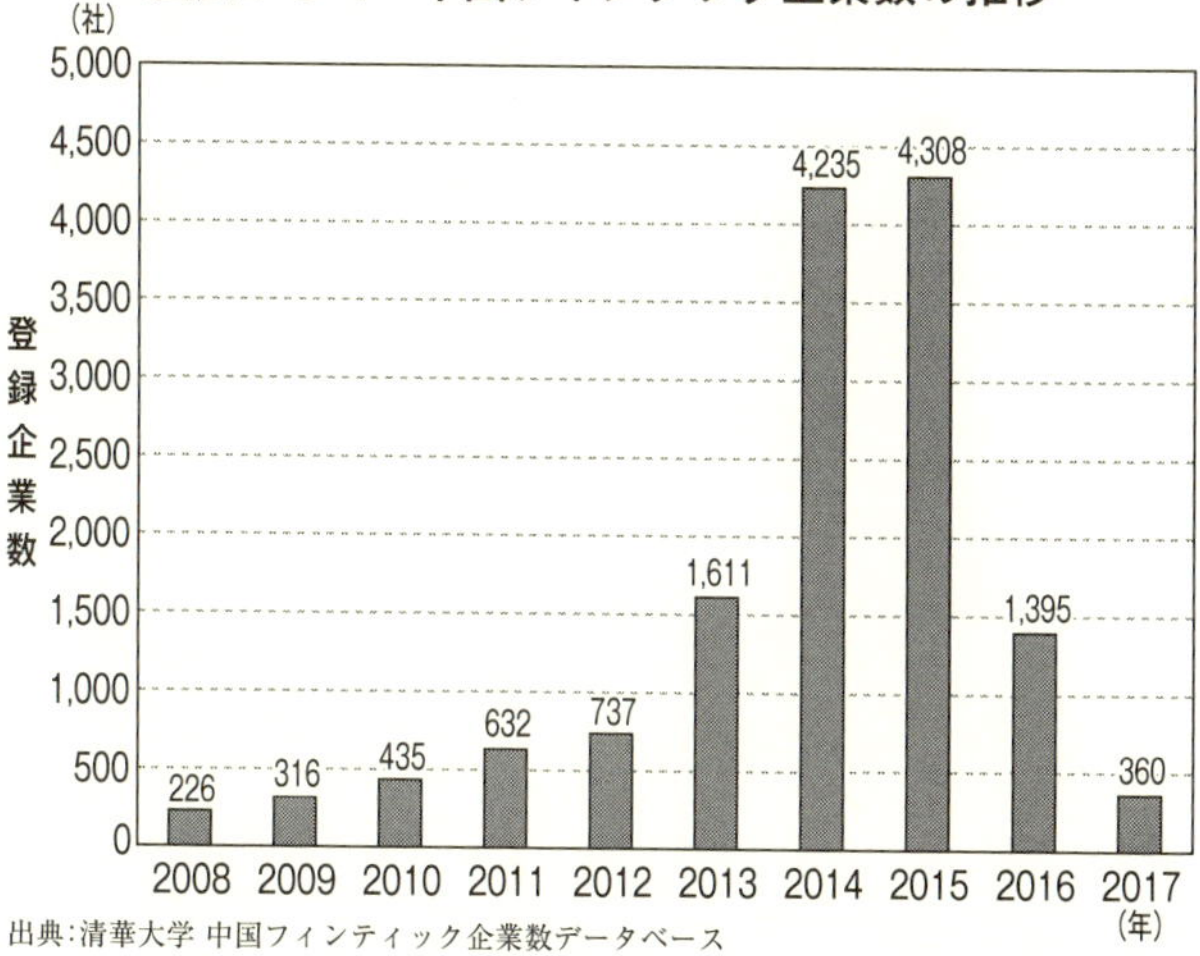

出典：清華大学 中国フィンティック企業数データベース

ービスが中心だったが、最近では人工知能（ＡＩ）を活用して、顧客の資産状況や投資リスク選好に応じ、カスタマイズされた資産運用戦略を提案するロボアドバイザーが代表的だ。有名な会社としては、ニューヨークに上場した中国初の金融ＡＩ企業の「融３６０」があるが、銀行系、証券系、テクノロジー企業系などの参入が相次いでいる。ただし、現時点では企業向けのサービス提供が中心となっており、個人向けは発展途上の段階にあるようだ。２０１７年には消費者保護を目的にロボアドバイザーも規制対象となり、誇大広告の抑止などが行われた。規制導入により、問題企業は今後淘汰されていくだろう。

3番目は「ネット資産管理」。個人や家計の財務管理サービスだ。このサービスは、金融サービスの基礎となる信用情報のビッグデータを入手するためのゲートウェイとして、戦略的に重要な意味がある。

4番目が「ネット消費金融」だ。当初は金利と手数料で100%を超える超高利貸も存在したようだが、2014年以降、大手EC業者、銀行本体や銀行系ファイナンス会社、自動車金融業なども参入し、ショッピングローン、マイカー購入、教育費などの使途別ローンが発達した。2016年以降は無担保フリーローンが主戦場となり、市場細分化と競争激化が進んでいる。

「中国のフィンテック企業」のイメージは読者によってさまざまであろうが、じつはこれら4業種で、清華大学データベースのフィンテック企業全体の約7割を占めている。

中国社会を変革した金融インフラ企業

5番目が「ネット金融インフラ」であり、中国のフィンテックを象徴している核心分野だ。アント・フィナンシャルの支付宝（アリペイ）やテンセントの微信支付（ウィーチャットペイ）などのモバイル決済、アリババグループのゴマ信用や百度グループの百融金服などのビッグデータに基づくオンライン信用調査などがここに含まれる。

フィンテックで重要なのが、ビッグデータに基づく信用調査だ。中国人民銀行傘下の信用調査機関（征信中心）には金融機関利用者の信用データが蓄積されていたが、4億人弱のデータストックしかなく、残りの約10億人はそもそも記録がなかった。このため、ゴマ信用や百融金服といった、ネットショッピングなどのデジタル履歴に基づく信用格付け（クレジットスコア）を数億人レベルで大量に保有するプラットフォーム企業が成長した。

個人の財務情報だけでなく、買い物履歴やオンラインゲーム消費などの非財務情報も用いて、ＡＩとビッグデータ技術を駆使し、個人や中小企業の延滞（デフォルト）確率を正確に推計することで、ネット融資の実行額や金利条件等の判断に活用できるようになった。

また、近年金融分野でも活用が進んできたクラウドサービスも、重要なネット金融インフラの一部だ。日本では、三菱ＵＦＪ銀行など多くの金融機関が活用し始めたアマゾン・ウェブサービス（ＡＷＳ）が話題だが、中国でもアリババ系の「アリクラウド」や平安保険系の「金融壹賬通」（ワンコネクト）などのクラウドサービスが急成長している。中国のクラウドサービスはビジネス向けがまだ少なく、クラウドサービスが大きな収益源になっている米国企業（アマゾン、マイクロソフトなど）に比べると、まだまだ初期段階にあるとの指摘もあるものの、急速にキャッチアップしている。

これら金融インフラ業者は、巨大な顧客基盤を基礎に、あらゆる金融サービスを総合的に提供するサービス・プラットフォームを形成しつつある。たとえば、平安保険グループの中小金融機関向けのクラウドサービス「金融壱賑通」は、生体認証技術、ブロックチェーン技術、クラウド技術を活用して、口座開設から資金調達、貸出に至るまで、さまざまな中小企業向け金融サービスを効率的に提供できる仕組みだ。コスト削減や顧客サービス向上をめざす中小銀行やノンバンクなど3000社以上の金融機関が導入している。

金融インフラ系のフィンテック企業は、最新のテクノロジーと金融サービスを融合させ、社会の仕組みそのものを大きく変化させている。その変化は、経済・金融の問題にとどまらず、社会秩序の安定や、中国の統治構造との関係整理が求められる段階となっている。

フィンテック振興と規制強化——暗号資産

2015年7月、中国政府は、インターネット金融の健全な発展促進を目的として、公安当局や金融当局等の関係部門が合同で、インターネット金融の監督管理の基本的枠組みを公表した。金融サービスごとの監督官庁と詳細な管理規則が定められている。

中国のマクロ経済コントロールの仕組みの下では、経済のフロントにいる金融機関は国家の重要な窓口機関としての役割をもっており、取引実態の把握や資金供給の配分を行う水際の執行機関でもある。

「フィンテック振興」の名の下、政府が監督管理できない資金や業者が増大すれば、マクロ経済コントロールの実効性がなくなり、犯罪の温床となって社会秩序が乱れることが懸念された。実際、P2P分野などで詐欺が横行し、金融当局の監督責任を問う批判が高まっていた。中国政府は、フィンテックのスタートアップ段階では大らかに見守る姿勢だったが、社会や経済の秩序に関わる段階に至ったと判断し、規制を大幅に強化する方向に転換した。

同様の代表的事例として、2017年9月に公布された「仮想通貨」のICO（新規発行禁止がある。「仮想通貨」も誤解を生みやすい言葉として、最近では国際的に「暗号資産」に名称変更されているが、禁止直後に中国の金融専門家が語った言葉が印象的だった。

「これは『空気貨幣』（エア・マネー）だ」

2017年以前、中国でわずか5件しかなかったICOプロジェクトは、同年上半期だけで65件、26億元（約430億円）に急拡大し、ICOにまつわる投機行為が横行した。中国政府は、ICOを不法な資金集めと位置付け、金融詐欺やねずみ講などの犯罪活動に該当す

図表1-5-5　中国の暗号資産ICOの経緯

出典：中国人民銀行資料に基づき筆者作成

る疑いがあるとして、公布から直ちに即日全面禁止に踏み切った。同時に、法定通貨と暗号資産の相互交換業務を停止した。これにより、ＩＣＯのみならず、仮想通貨（暗号資産）仲介業者自体が中国から事実上消滅することになった。**【図表1－5－5】**

中国のフィンテックの動向を見ていると、イノベーションと社会秩序のバランスの狭間で、自国にとっての最適解を模索している段階にあることがよくわかる。

プライバシーと利便性のジレンマ

最後に、中国のフィンテックによる高い利便性は、厳格な本人確認や実名制が社会制度として定着していることが前提に成り立っている。中国の全国民が携帯しているＩＣチップ入りの「居民身分証」をご存じだろうか。ホテルに宿泊する際も、飛行機や高速鉄道に乗る際も、携帯電話を購入する際も、中国生活のあらゆる場面でこのＩＤが必要となる。日本でこういう話をすると、プライバシーが侵害されていると気味悪く思われる方が多い。

しかし、中国社会では義務的な仕組みとしてすでに普及・定着しており、強い抵抗感をもつ人は少ない。普通の生活を送る大多数の市民にとっては特段の実害もなく、むしろＩＤ一枚で本人確認が簡潔に完了し、さまざまなサービスを手軽に受けられる「シングル・エントリー」の利便性を享受できる。個人情報を自発的に提供することで自らの信用スコアを上げ、優待サービスを受けようとする行動も一般的だ。顔認証をはじめとする生体認証技術の発達は、今後こうした傾向にさらに拍車をかけるだろう。

金融機関にとっても、ＩＣチップ付き身分証や顔認証等を活用すれば、コスト効率的な仕組みを導入しやすい。対面確認や証明書類の郵送等も必要なく、口座開設や送金等に必要な本人確認手続きを大幅に効率化できる。人が介在しないデジタル銀行のようなビジネスモデルの構築も容易であり、テンセントが設立したデジタル銀行「微信銀行」は、３億以上の口座数をもちながら、非常にわずかな人間で運営されているという。

このようにプライバシーに関する社会制度や文化の相違は非常に大きく、中国のフィンテックを日本でそのまま再現しようとしても、うまく行かない場合も多い。日本のフィンテックの将来像を考える際には、中国フィンテックの表面だけを参考にするのではなく、その背景にある社会制度や文化的背景にも十分留意する必要がある。

第六節　中国金融当局の権力と悩み

業種別縦割りの金融当局

中国の金融当局は、「分野別経営・分野別管理」の原則の下、業態別の縦割り組織で構成されている。

２０１８年春までは、中央銀行である中国人民銀行（ＰＢＯＣ）に加え、銀行、証券、保険の業態ごとに、３つの金融当局（監督管理委員会）が独立して設置され、「一行三会」と呼ばれていた。金融監督３当局は、それぞれ略して、「銀監会」（ＣＢＲＣ）、「証監会」（ＣＳＲＣ）、「保監会」（ＣＩＲＣ）と呼ばれていた。

同年３月、全国人民代表大会で金融行政機構の改革案が承認され、銀監会と保監会は統合され、現在は銀保監会（ＣＢＩＲＣ）に改組された。証監会（ＣＳＲＣ）については、その

図表1-6-1　中国の金融当局の機構

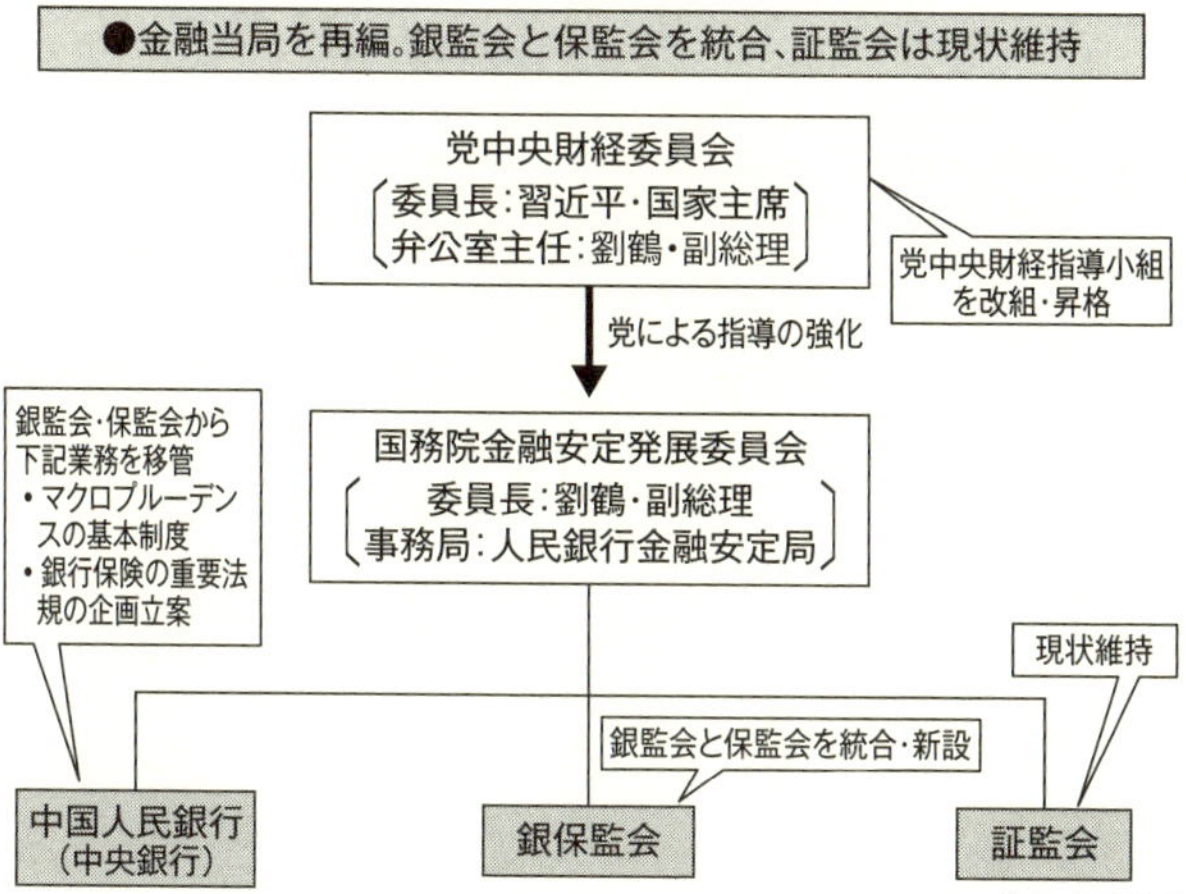

出典：筆者作成

まま現状維持とされた。【図表1―6―1】

銀行と保険の統合、銀証分離には中国特有の歴史的事情がある。

銀行と保険の監督機能は、1998年に保監会、2003年に銀監会が設置されるまで、中国人民銀行に置かれていた。1978年の改革開放までは、中国は旧ソ連型の計画経済体制で運営されており、中国人民銀行は、国家機関としての中央銀行や金融監督当局の機能に加え、唯一の金融機関として貸出機能までもっていた。改革開放後、商業銀行の営業開始が認められ、貸出機能は商業銀行に移管され始めたが、金融監督機構は引き続き残った。

当時の中国は、日本や韓国とは異なり、他

のアジア地域に多く見られる、中央銀行が金融政策に加えて金融監督権限も保有する形を採用していた。しかし1990年代以降は、中国の高度経済成長に伴い、商業銀行セクターが大きく成長し、金融監督の業務量は飛躍的に増大した。

また、1997年のアジア金融危機に伴う金融システム不安により、経済政策において金融監督の強化が大きなテーマとなった。こうした流れのなかで、中国人民銀行の中央銀行機能への集中と、国務院（中央政府の司令塔）直轄の金融監督機構の整備が図られることになり、保監会と銀監会が誕生した。今回の銀行当局と保険当局の統合は、もともと両者が中国人民銀行から分離したルーツをもち、沿革的に近い関係にあったことが大きかったと考えられる。

他方、証券分野については、もともと中国には株式市場自体が1980年代まで存在しなかったことに加え、産業資金供給の観点から、当初は産業政策、経済体制改革、経済発展戦略等の経済政策との連携が強く求められた。このため、中国人民銀行の専管分野とはならず、1992年に国務院証券委員会が発足し、1998年に証監会へと改組された経緯がある。

このように、銀行・保険と証券は行政機構の歴史的成り立ちが大きく異なり、中国人民銀行との距離感も大きく異なる。中国現地で金融行政機構が見直されるとの噂が広まった際には、「金融三会」が統合されるのではないかとの見方も広がった。しかし、蓋を開けてみると、証監会は現状維持された。この顛末について、中国の関係者は多くを語らないが、証券関係者の満足そうな表情を見ていると、希望通りの結果であったことが窺われる。

２０１８年２月、北京の保監会前で面会時間を待っていた時、出勤途中の若い職員達が次々と入口の看板を写真に収めていた。正式発表前だったが、職員達はすでに組織再編を聞いていたのであろう。２００１年正月、旧大蔵省の看板前で記念写真を撮った若い時分を思い起こした。

日本の金融庁との違い

中国の金融行政機構は、日本と比較すると特徴がよくわかる。日本の金融庁は、銀行、証券、保険など、金融分野全般を監督する「統合型の規制当局」（Integrated Regulator）であり、同時に金融制度の企画立案の機能も有している。旧大蔵省から金融監督機能が分離移管され、１９９８年に金融監督庁、２０００年に企画立案機能も含む形で金融庁が設立されたが、金融サービスに関するあらゆる業態を金融庁が一元的に監督している。【図表１−６−２】

図表1-6-2　金融監督機構の国際比較

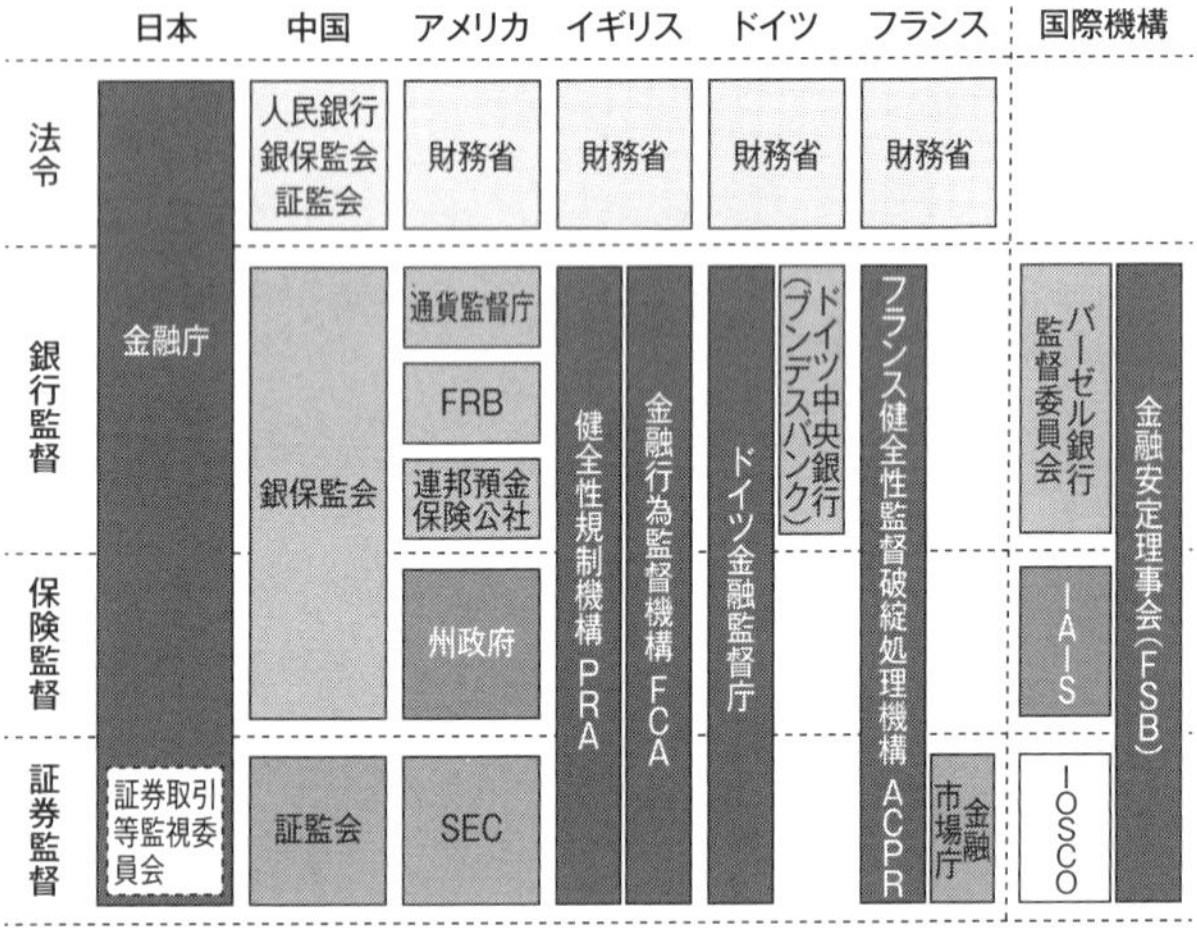

　ちなみに、さまざまな金融分野を包括的にカバーしている規制当局は主要国のなかでも珍しい。金融規制に関する国際機関も、金融安定理事会（ＦＳＢ）の下、銀行・証券・保険に分かれて活動している。国情に応じて金融当局の組織構造はさまざまである。

　日中間の協議では、金融庁は中国の４つの官庁を相手にしないといけない。中国側のカウンターパートが一元化されていれば調整も楽だろうが、悪いことばかりでもない。

　複数の省庁と並行的に付き合うことで、各省庁の立場や政策の優先順位の違い、日中関係に対する姿勢、さらには幹部や担当者の思考や人物像までも見えてくる。情報を総合的に分析すれば、中国の経済政策の方向性について、他国に先駆けて的確に把握することも可能だ。時には、自分が中国政府内を交通整理する場合すらある。日本の金融庁が統合型の規制当局であることは、むしろ日本のアドバンテージだと私自身は考えている。

複雑化した金融システム

中国の縦割り金融行政は、2000年代の伝統的な銀行中心の金融システムの時代には有効に機能してきた。監督官庁が各所管業態の動向をモニタリングし、必要があれば改善を図り、金融機関への行政指導を通じて、具体的な経済政策が展開された。縦のラインさえ機能していれば、全体をカバーできる仕組みがワークしていた。

しかし2010年代に入り、銀行システムを介さないシャドーバンキングが急速に拡大した。業態別監督の仕組みが機能している伝統的領域と異なり、シャドーバンキングの領域では、銀行、証券会社、保険会社、信託会社、基金会社など、多様な主体による複雑な資金チャネルが形成されていった。しかも所管官庁はバラバラで、横断的・統一的にモニタリングを行う主体も存在せず、全体の問題に関する責任の所在もはっきりしない。役所の所管などお構いなく、大量の資金が自由に動き回り、高リスクの不動産開発投資やインフラ事業に流れていったが、それをトレースすることは既存の仕組みでは限界があった。

伝統的な銀行神話も根強く残るなか、「暗黙の保証」への期待に加え、高利回りの魅力、スマホ広告の巧みな宣伝によって、富裕層だけではなく、一般庶民のあいだにも、資産管理商品は急速に普及していった。投資リスクや将来の償還確実性が十分に吟味されることもなく、ハイリスク・ハイリターンの巨大な資金が金融システム内に蓄積された。

中国政府も、金融システムの不安定化リスクが高まっていることに強い危機感を持ち始めた。仮にリスクが顕在化すれば、金融・経済が混乱するだけでなく、虎の子を失った一般庶民からも激しい反発が起き、社会不安につながる懸念もある。

こうしたなか、２０１７年には、「金融システムのリスク防止」が、経済政策の最優先課題の一つとして明確に位置付けられた。同年の経済政策方針を決定する中央経済工作会議では、「金融リスクの防止やコントロールに重点を置き、金融のシステマティックリスクを発生させない」との文章が盛り込まれた。伝統的な金融監督の仕組みでは新しい巨大リスクに対応するには不十分なことが明らかになり、中国政府関係者のあいだで、金融行政機構の再編が真剣に検討され始めた。

国務院金融安定発展委員会

２０１７年7月、5年に1回開催される重要会議「全国金融工作会議」において、「国務院金融安定発展委員会」の設立が決定された。国務院の組織として設立されたことは、政府全体で金融システム安定に取り組む決意を示している。縦割りの金融当局を統合・連携し、金融行政を一元的に展開するための組織である。

同委員会トップの委員長は劉鶴副総理が務めることになった。習近平国家主席の信任が厚く、米中貿易戦争の交渉役も務めた、中国マクロ経済政策の司令塔である。中国政府の本気度が伝わってきた。

劉鶴・国務院副総理（写真提供：共同通信社）

事務局は、中国人民銀行の金融安定局が務める。同行には、マクロ・プルーデンス（金融システム全体のリスクの把握を重視する安定化政策）の基本制度、銀行・保険の重要法規の企画立案の機能も移管され、金融システム

郭樹清・銀監会主席、中国人民銀行共産党委員会書記（写真提供：共同通信社）

安定に関する権限が集約された。

　同委員会の設置が公表された直後、北京の中国人民銀行を訪問し、金融安定局の幹部と会談する機会があった。日中間で金融システムに関する情報交換を緊密に行っていくことで合意したのだが、同委員会の運営について質問したところ、具体的なことはこれから、という回答だった。上で決定された枠組みとはいえ、中国人民銀行と銀行当局（銀監会）の微妙な関係を承知していた私は、現場レベルで連携を図っていくことはなかなかの難題であるように思えた。

　翌2018年3月の党・政府幹部人事で、前代未聞の異例な発表があった。銀行監督当局のトップであった郭樹清氏が、銀行・保険を統合した新組織（銀保監会）のトップに横滑りしたうえで、中国人民銀行の党委員会書記にも就任した。要するに、郭樹清氏が、中国人民銀行と銀保監会の両方のトップを兼ねる人事だった。

　中国人民銀行のトップといえば一般的には「行長」のイメージが強いが、中国の仕組みでは公職よりも党職が重視される。ナンバー1は書記であり、郭樹清氏の党職は書記ながら公職は副行長となった。表の顔となる易綱行長は党職は副書記であり、実質的にはナンバー2になる。党職と公職がクロスする異例で複雑な人事だが、金融システムの安定に向けて一元的に対応するための人事を敷いたと見られる。

郭樹清氏は、これまで中国人民銀行副行長、証監会主席（トップ）も歴任しており、金融分野全般を経験している数少ないリーダーだ。中国の金融対外開放を主導する改革派であり、知日派でもある。2018年8月には、訪中した遠藤俊英金融庁長官と会見している。筆者自身は北京時代も含めて2度お目にかかっており、そのお考えを直接伺う機会にも恵まれたが、経済改革に向けた熱い信念は全く揺るがないものを感じた。

中国金融当局の苦悩

仕事柄、中国の金融当局幹部に直接お目にかかる機会も多いが、きわめて優秀な方が多い。中国経済の何が問題なのかを客観的に認識しており、日本を含めた諸外国の事例への研究意欲も旺盛だ。経済の構造改革や対外開放への意欲が強く、国際的感覚も豊富だ。金融当局同士の立場で悩みを共有できる場合も多く、大きなセンスの違いは感じないというのが率直なところだ。

ただ、現実のマクロ経済運営は、理屈の正しさだけでは進められない。シャドーバンキングの縮減策は、国内の構造改革路線、国際的な金融規制改革と合致した方向で進められたが、実体経済の不調の原因とされ、経過期間の延長など修正を余儀なくされた。

党や政府主導でマクロ経済コントロールを行う中国において、金融当局の権限と影響力は絶大だ。しかし、財政政策や産業政策で対応すべき政策テーマについてまで、金融行政での対応を求められることも多い。時には、金融当局の権限をはるかに超えた役割や責任まで押し付けられていることもある。不運な場合には、因果関係とは無関係に結果責任で処分されるリスクもある。政策担当者の悩みは尽きない。

第七節　国際金融市場に本格デビューする中国

ボアオ・フォーラムでの習近平演説

2018年4月、中国・海南省博鰲（ボアオ）。前年秋の党大会を経て、2期目に入った習近平国家主席は、ボアオ・アジアフォーラムの開幕式で演説を行い、中国の対外開放の堅持、とくに金融の対外開放を強調した。

「経済のグローバル化は、逆戻りできない時代の流れである。正にこのような判断に基づいて、中国は対外開放の堅持を基本的な国策としている。中国の対外開放の大門は閉じることはなく、ますます開いていくのみだ。とくに金融業の対外開放を強力に進める」

2018年4月のボアオ・フォーラムで講演する習近平国家主席（写真提供:Avalon／時事通信フォト）

ボアオ・フォーラムの開催前、関税措置をめぐって米中の対立が深刻化していた。中国が国威をかけて開催する同フォーラムで、習近平氏がどのようなスピーチを行うかが世界中から注目されていたなか、中国は高らかに「対外開放の堅持」を宣言した。

私は同フォーラムにパネリストの1人として参加していた。ボアオ・フォーラムは毎年春に開催される中国を代表する国際フォーラムだが、国家主席本人の参加はそう多くな

易綱・中国人民銀行行長（総裁、写真提供：新華社／共同通信イメージズ）

い。顔認証を使った最新のセキュリティ、テロ対策を任務とする特警の警備車両など、党大会並みの物々しい警備態勢で、この年はとりわけ緊張感に溢れていた。

　現地に到着後、フォーラム会場内を歩いていると、既知の中国金融当局幹部を数多く見かけた。中国人民銀行、銀監会、証監会、財政部などの国際部門幹部がボアオに集結していた。

　その理由は、習近平演説翌日のパネル・セッションにあった。壇上には、半月前に中国人民銀行行長に就任したばかりの易綱氏。正面前列には、金融当局の国際担当幹部がずらりと並んでいた。私は情報収集も兼ねて、彼らの近くの席に座った。

　パネル冒頭、易綱氏は中国の金融対外開放の具体的方針を説明しはじめた。最大の目玉は、証券業や生命保険業に関する外資出資比率上限の規制緩和であった。このプレゼンは、中国金融界を代表する国際派である易綱氏にとって、中国人民銀行行長としての国際デビューでもあった。米国インディアナ大学で教鞭を取っていた易綱氏は、中国政府としての公式発表は中国語で、それ以外は質疑応答も含めてすべて流暢な英語で説明した。

もっとも、公表された内容自体は少々期待外れのものだった。前年11月に米トランプ大統領が訪中した際の米中首脳会談で合意済みのものがほとんどだったからだ。しかし、同フォーラムに合わせて、生命保険業の規制緩和のタイミングを前倒しするなど、米国や世界に向けて、中国の金融対外開放への積極的姿勢をアピールしようとしていることは明らかであった。

金融対外開放の真の狙い

中国が金融対外開放を進めるのは、米国をはじめ国際社会に対して、中国がオープンであることをアピールし、国際的摩擦を軽減したいとの意図があることは明らかである。しかし、多くの中国のポリシーメーカーと話をして感じるのは、真の理由はより内発的なものにあるような気がしてならない。筆者は、「外圧による中国経済の構造改革の促進」「金融が先導する経済改革」こそが、中国金融当局の本音ではないかと考えている。

ボアオ・フォーラムの翌月に北京で開催された金融街フォーラム。スピーチに立った易綱氏はこう熱弁を振るった。そこには、中国金融当局の本音が読み取れた。

「中国の銀行総資産に占める外資銀行の割合はわずか1・3％。銀行間債券市場における外国人投資家の保有割合は1・8％にすぎない。中国の金融分野の開放レベルは、先進国や途上国の平均水準にまったく及ばない。金融業の対外開放をさらに進めることは、金融業の質を高めるうえでの重要なルートであり、今後の重点業務だ」

「金融サービスがよければ経済も発展し、効率もよくなる。内資であれ外資であれ、金融サービスの改善に資するものであれば、参入を奨励する」

中国の金融リーダー達は、中国を代表する国際派であるとともに改革派でもある。彼らにとって、金融の対外開放の真の目的は、国際競争を通じた中国金融業の質の向上、さらには国際競争圧力を活用した中国国内の経済構造改革にある。金融の改革を通じ、旧態依然とした伝統的経済システムや国有企業の改革を牽引していこうと考えている。

現在は中国の金融リーダーとなられた方が、筆者が北京に駐在していた約10年前、こんな話をしてくれたことがある。

「日本の家電メーカーが世界を席巻していた1990年代、日本家電の中国への輸入を認めるかどうかで大議論があった。もし輸入を認めたら中国メーカーは生きていけないとの大反対が起きた。しかし、中国家電業界の技術力や国際競争力を向上させるためにも、日本家電の輸入を認めるべきとの判断で解禁に踏み切った。あれから20年近くが経過したが、中国の家電メーカーは駆逐されただろうか。むしろハイアールや美的（ミデア）など、世界的な家電メーカーに成長した中国企業もある。金融も同じことだ。中国金融市場を外資に開放することは、中国金融機関の成長と国際競争力向上を促す。産業発展に必要なのは保護ではない。競争を通じた質の向上だ」

筆者は、この信念が現在の中国の金融行政にも反映されているような気がしてならない。ただし、金融対外開放と国内金融機関の保護は表裏一体の面があり、政治的にも敏感な問題である。指導部からの強いバックアップと、よほどの信念と胆力がなければ具体化は難しい。シャドーバンキングの所でも前述したように、性急な改革は実体経済に大きな影響を与え、各方面にさまざまな不都合を生み出し、政治的な反発も招きやすい。改革を志す政策責任者は大きなジレンマを抱えながら、命を懸けて取り組んでいる。

中国流の本音と建前

中国金融当局の思い通り、金融の対外開放は順調に進んでいくのだろうか？

中国という国はなかなか一筋縄ではいかない。政策の基本的方向性が示されていても、各論・具体論になると一向に進まない場合も多い。

たとえば、為替や資本取引の完全自由化だ。1996年に経常取引を自由化して以降、20年以上が経過した現在でも、為替・資本の自由化は実現していないし、その具体的見通しすら示されていない。

じつは、1993年の第14期三中全会（中国共産党の意思決定会議）において、「人民元の最終的な交換性実現」はすでに機関決定されている。2013年の第18期三中全会においても、「資本市場の双方向の開放と、対外債務・資本移動の管理システムの構築を進め、人民元建て資本項目の自由交換性の実現を加速する」旨の改革プランが決定されている。方針は決定されているのだが、肝心の「いつどのように？」が空白のままなのだ。

2019年5月、中国人民銀行行長を長く務めた周小川氏が来日し、中国金融関係者と意見交換する機会に恵まれた。資本の自由化についても説明があったが、「資本自由化や人民元国際化は党決定された規定方針であり、後退することはない」旨の説明に、筆者は「10年前と大して変わっていないな」との印象を強くもった。

何事につけても、その時々の国内事情が優先することに加え、将来の政策的な自由度を留保しておくため、具体的方針は決定直前にならないと公表されないのが、一般的な中国スタイルだ。筆者自身も、慣れっことはいえ釈然としないことが多い。

その意味で、今回の対外開放の公表が画期的だったのは、明確な将来スケジュールが示されたことだ。証券業と生命保険業について、外資の出資比率上限を直ちに過半に引き上げ、3年後（2021年）に撤廃すると国際的にコミットした。2019年7月には、李克強総理がさらに1年前倒しすることを発表した。もちろん米国へのアピールもあるが、改革派が外圧を上手く利用した面も見受けられる。

しかし、それ以外は相変わらず具体的見通しが立ちづらい。金融分野の開放に向けた三原則を見ると、基本的な考え方と方向性は示されているが、具体的な方法やタイミングは、あくまで中国側の裁量となっていることが明らかである。

原則①：外資参入前の内国民待遇とネガティブリストの導入
原則②：対内・対外開放、為替形成メカニズム、資本項目の自由交換の3つを相互に組み合わせて共同で推進
原則③：金融業の開放レベルは、金融分野の管理監督能力に応じて推進

従来から、中国は国際金融分野において、一歩一歩、慎重に慎重を重ねて段階的開放を進めてきた。今後も、そうした漸進的アプローチを変更するつもりはないだろう。あくまで、国内経済政策とのバランスのなかで、可能な範囲で徐々に門戸を開けていくと考えられる。

他方で、世界トップクラスになった現在の中国の経済的地位を考えると、独善的な政策運営をいつまでも国際社会は許してはくれないだろう。米中関係がここまで悪化した背景には、間違いなく、これまでの独善的な中国流のやり方に対する国際社会の反発がある。

国際金融の分野でも、中国が自ら目に見える具体的な進展とクリアな将来見通しを国際社会に示していかない限り、その信頼を獲得することは難しい。「経済成長は魅力的だが、ビジネスにおける政治リスクが突出して高い国」という評判のままでは、本格的な国際化はおろか、経済規模に見合う高度な金融セクターの発展も程遠い。

人民元が基軸通貨になるための条件

その教訓となる実例の一つが、最近の人民元国際化の後退だ。

２００９年以降、中国は人民元の国際決済通貨としての普及を図り、主要貿易相手国に人民元クリアリングバンク銀行の設置等を進めた。その挑戦は貿易取引から資本取引にも拡大した。２０１１年以降には、人民元建ての対外投資・対内投資、さらには香港を通じた証券投資についても、投資枠規制を残しながらも徐々に拡大してきた。

２０１４年には、香港を経由することで中国本土に上場する株式を自由に取引できる「ストックコネクト」が導入され、間接的ではあるが中国資本市場へのアクセスが大幅に改善された。２０１５年には、国際通貨基金（ＩＭＦ）の特別引出権（ＳＤＲ）の構成通貨として人民元の採用が決定された。２０１７年には、香港経由で中国本土の債券市場にアクセスできる「ボンドコネクト」が導入された。

このような中国流の漸進的アプローチで、経済や金融市場の発展状況とも歩調を合わせながら、人民元の国際化を戦略的・計画的に進めていった。近い将来、人民元が基軸通貨の一つになると予想する見方も広がっている。

しかし、国際決済通貨としての人民元のシェアは、ＳＤＲ入りが決定された２０１５年をピークに、むしろ後退している。**【図表1-7-1】**

２０１２年に０・５％、シェア14番目だった人民元のシェアは、２０１５年には２・４％

図表1-7-1　国際決済通貨のシェア

	2012年	2013年	2014年	2015年	2016年	2017年
米ドル	31.1%（2位）	36.8%（1位）	47.9%（1位）	43.2%（1位）	41.0%（1位）	39.7%（1位）
ユーロ	42.0%（1位）	36.1%（2位）	29.4%（2位）	28.6%（2位）	31.2%（2位）	33.0%（2位）
日本円	2.4%（4位）	2.4%（4位）	2.7%（4位）	2.8%（4位）	3.5%（4位）	3.1%（4位）
人民元	0.5%（14位）	0.8%（12位）	1.7%（7位）	2.4%（5位）	2.0%（5位）	1.8%（6位）

出典:SWIFT Watch

まで急拡大し、日本円（2・8％）との差もわずかとなった。米ドル（43％）、ユーロ（29％）、英ポンド（9％）、日本円に続くシェア5番目の通貨になった。

だが、翌2016年には2・0％、翌々年の2017年には1・8％に下落し、日本円（3・1％）はおろか、カナダドル（1・9％）も下回り、第6番目に後退した。国際決済通貨としての人民元の地位は、中国の経済成長や金融市場の勢いに反して、むしろ低迷が続いている。

その理由は明らかだ。人民元には、いまだに厳格な外貨管理規制や資本規制が残っており、通貨としての信頼に不安があるからだ。

2015年のチャイナショック以降、中国

図表1-7-2　中国の外貨準備の推移

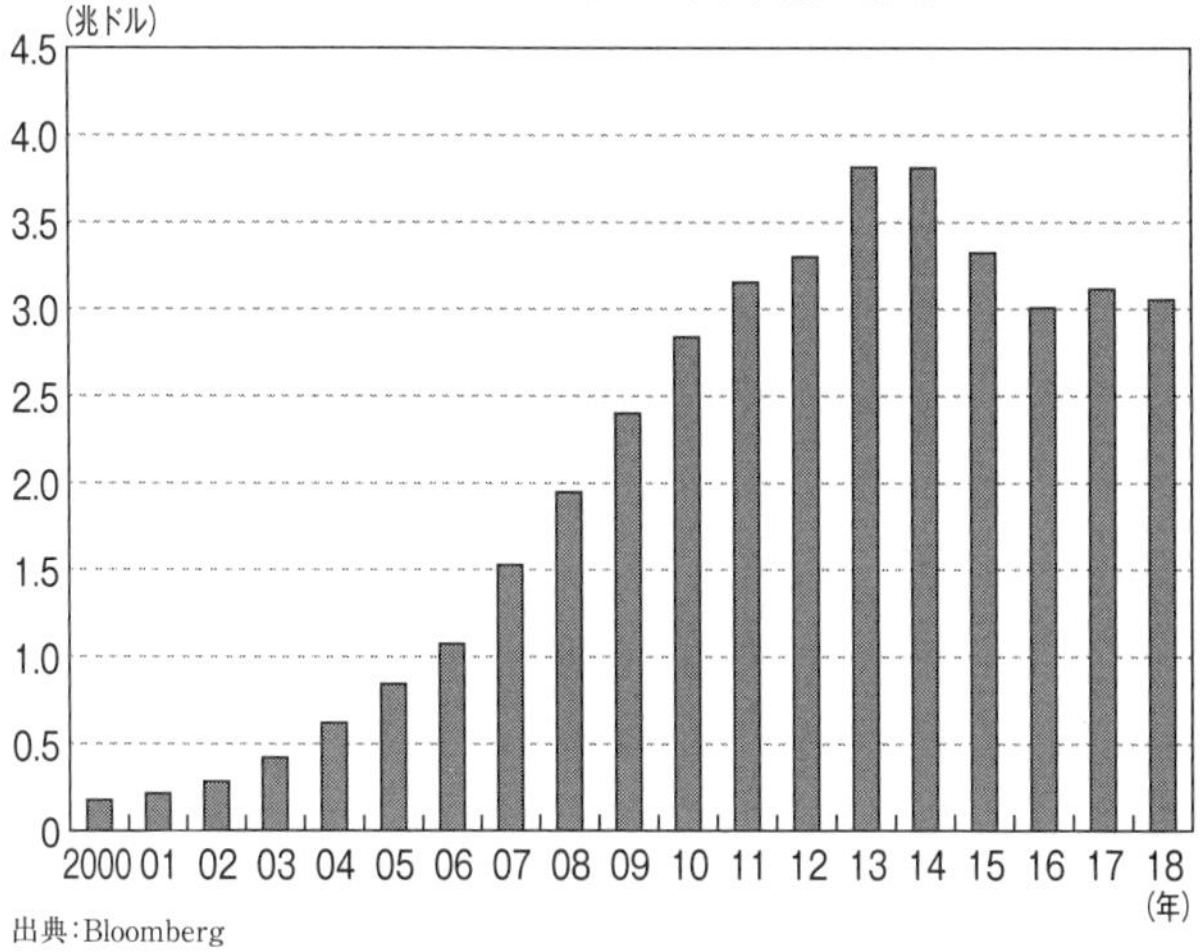

出典：Bloomberg

からの資本流出圧力が高まり、外貨準備が4兆ドル（約440兆円）近い水準から、3兆ドル（約330兆円）を割る水準まで一気に急減した。**【図表1-7-2】**

この時、中国政府は資本流出を厳しく規制した。金融機関への窓口指導が強化され、外貨両替や海外送金の際には、換金目的や資金使途に関する審査の厳格化、金額規模の制限等が行われた。税制面では、対中証券投資で利益を得た外国人投資家に対するキャピタルゲイン課税を強化する動きもあった。しかも日本では考えられない不利益遡及課税まで行われ、現在でも、当時中国株式投信を販売していた日本の投信会社のトラウマとなっている。

企業のみならず、個人も対象となった。当時、日本人駐在員が中国から帰国する際に銀行口座を解約しようとしたら、解約の理由だけでなく、預金の使途についても詳細な書類提出を求められ、仕方なく「住居や家電の購入」などを口実にしたエピソードまである。

ここまでのなりふり構わない対応は、資本流出防止のため、外国人も含めて中国国外への資金持ち出しを徹底的に抑制したかったためと考えられる。中国国内では、マクロ経済コントロールを有効に行うための必要な措置として正当化される政策であるが、人民元を保有する外国人にとっては、これでは事実上の資産凍結リスクすらもつ通貨ということになる。取引の自由と安全が確保されないかぎり、国際通貨としての信任を得ることは難しい。

人民元が基軸通貨となるためには、人民元の国際化と資本取引の自由化を進め、人民元の市場規模を中国の経済規模に見合うレベルまで拡大させることが必要だ。人民元国際化の時代に、伝統的なマクロ経済コントロールの国内的要請との両立はもはや困難になっている。

現実的に漸進的アプローチを採らざるをえないにしても、経済大国となった中国には、将来スケジュールをしっかり明示することで、中国との金融取引に関する外国人の不安を解消し、国際通貨としての信頼を確保する責任が求められる。

●第二章●

中国金融ビジネスの最前線

——日系金融機関の挑戦

第一節　日中株式市場のチャネル開通――ＥＴＦ相互上場の実現

ＥＴＦ相互上場のスピード実現

２０１９年４月22日、上海で「第１回日中資本市場フォーラム」が開催された。

本フォーラムは、前年10月の安倍総理訪中の際、日中証券市場協力を進めるためのプラットフォームとして、両国が相互開催することで首脳合意されたものだ。北京の人民大会堂において、安倍晋三総理と李克強総理の両首脳が見守るなか、遠藤金融庁長官と劉士余中国証監会主席（当時）のあいだで署名合意された「日中証券市場協力」の具体的成果の一つである。その記念すべき第１回の開催地には、中国の国際金融センターであり、上海証券取引所（ＳＳＥ）の本拠地である上海市が選ばれた。

また、本フォーラムの機会に、日本取引所グループ（ＪＰＸ）と上海証券取引所（ＳＳＥ）間で合意されたのが、日中ＥＴＦ（上場投資信託）の相互上場の枠組みである「日中ＥＴＦコネクティビティ」の構築だ。首脳合意の時点では、「フィージビリティ・スタディを深化

日中首脳会談における「日中証券市場協力」の署名・合意

第1回日中資本市場フォーラム

図表2-1-1　日中ETF相互上場のスキーム

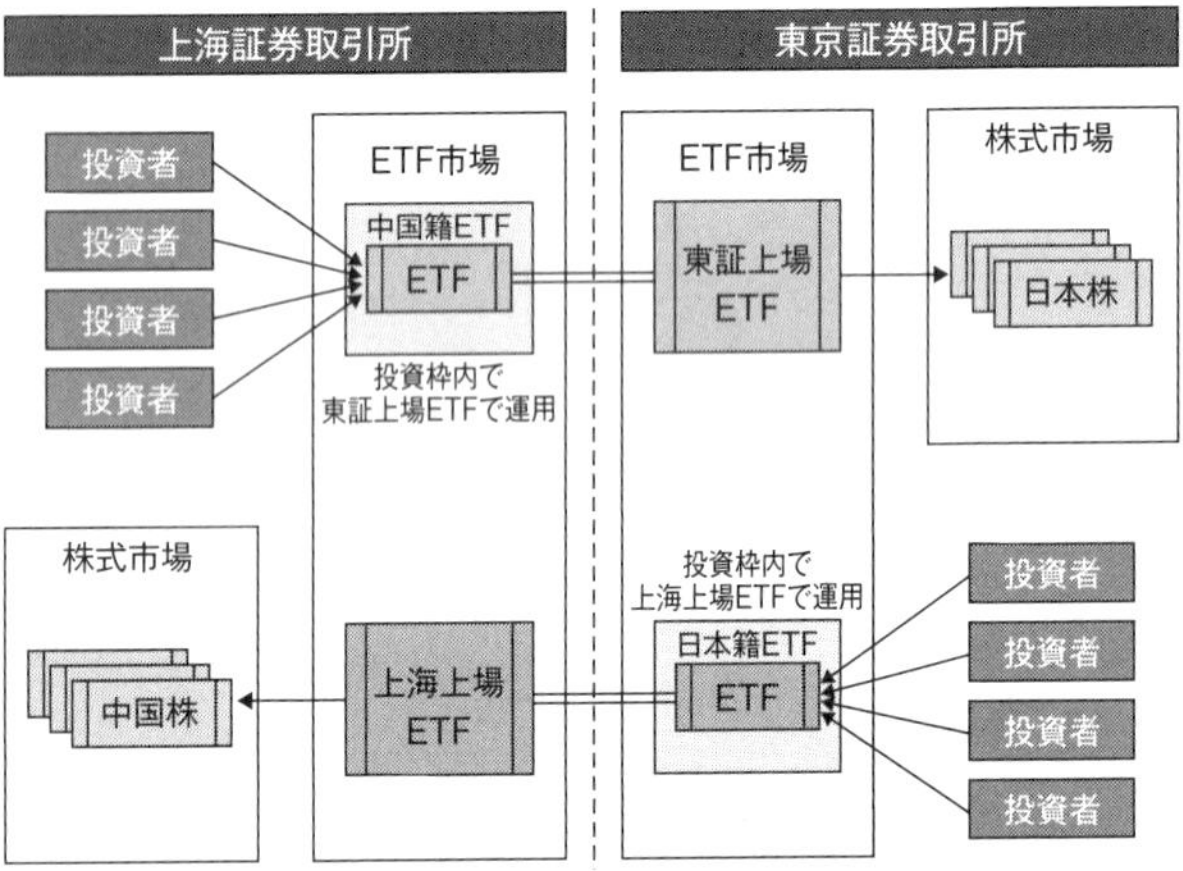

出典：第3回中国金融研究会資料（JPX作成）

させる」とされていたが、両国関係者の精力的な調整により、わずか半年でスピード合意が実現した。その後、両国内の手続きを経て、２０１９年６月25日に日中双方で同時に上場が実現した。

この枠組みは、日本の株価指数（たとえば、日経２２５やＴＯＰＩＸ等）に連動するＥＴＦを上海証券取引所に上場するとともに、中国の株価指数（たとえば、上証50やＣＳＩ３００等）に連動するＥＴＦを東京証券取引所に上場するものだ。**【図表2-1-1】**

「ＥＴＦコネクティビティ」の枠組み実現によって、初めて日中両国の株式市場が直接つながった。とくに、日本の株価指数ＥＴＦが中国に上場するのは初めてであり、チャイナ

図表2-1-2　日本→中国、中国→日本の証券投資残高

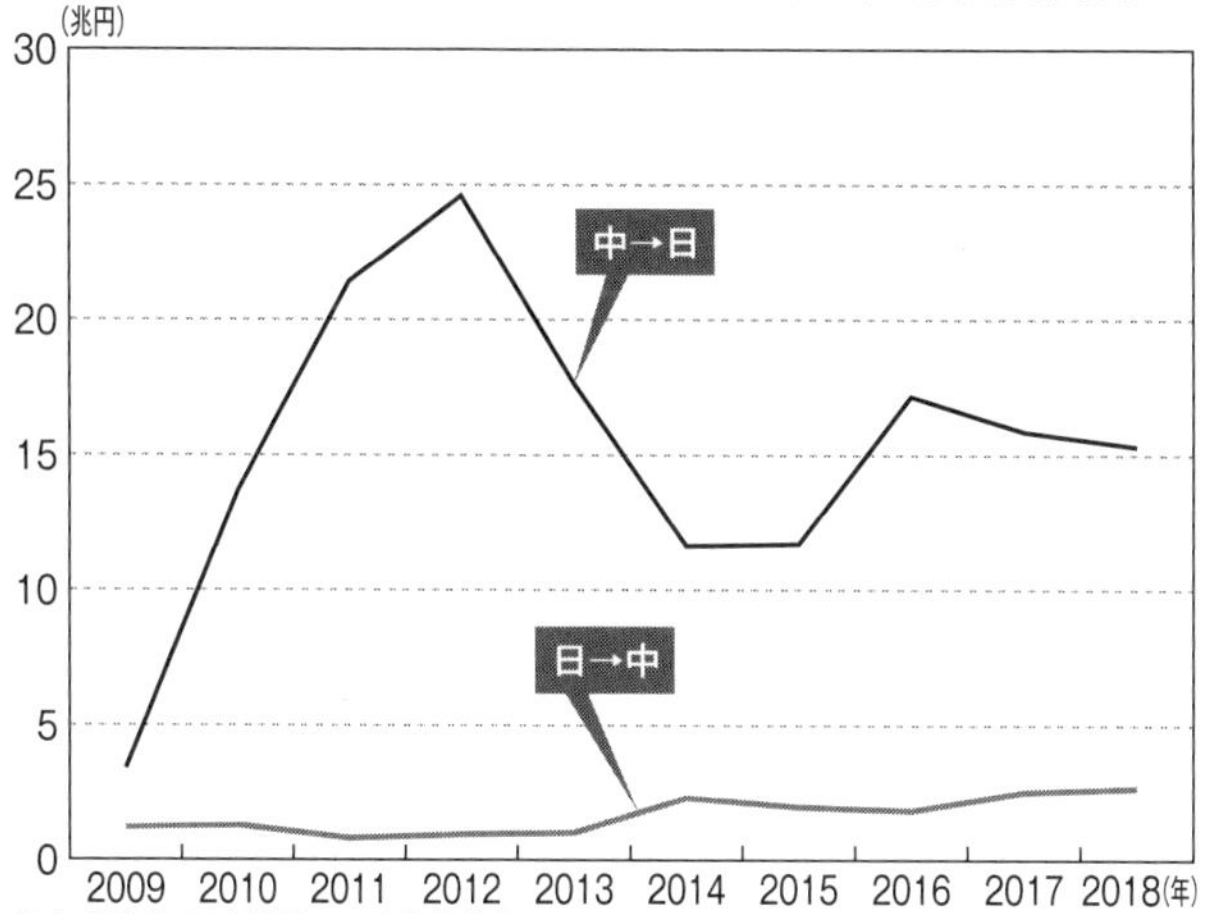

出典：財務省、日本銀行HPより筆者作成

マネーを日本の株式市場に直接取り込むルートが初めて開通した。

クロスボーダー取引には、日本から中国への投資（アウトバウンド投資）と、中国から日本への投資（インバウンド投資）の2つの資金の流れがある。従来は中国の資本規制が最大の障害となり、非常に限られた投資枠のなかでの限定的な取引しか存在せず、日中間でダイレクトに相互投資することは事実上困難であった。【図表2-1-2】

どうしても中国株に投資したい日本人投資家は、代替的な手段として、香港や米ナスダックに上場している中国企業の株式を購入したり、香港＝上海コネクトの仕組みを活用して香港経由で売買したり、東証に上場している中国株ETFを購入するしかなかった。

一方、中国から日本株式への投資は、個別株にせよETFにせよ、大陸内の証券会社はそもそも商品として全く取り扱っていなかったため、中国の一般投資家がアプローチすることは基本的にできなかった。どうしても自己名義で取引したい場合には、香港や第三国に証券口座を保有（注：最近では日本のみならず諸外国でも非居住者の口座開設は困難になっている）し、大陸からネット経由で売買するといった、かなり手の込んだ方法しかなかったと思われる。

しかし、「日中ETFコネクティビティ」のスキームが導入された後には、中国人投資家は、中国株式の取引と同じ感覚で、日経225やTOPIXの取引をほぼリアルタイムで行うことが可能となった。

なお、相互上場の実現に当たっては、「ETF　of　ETF」という仕組みが用いられた。日本と中国のETF運用会社（アセットマネージメント会社）同士がペアを作り、相手国パートナーが母国で上場している株価指数ETFに対して、運用資産のほぼ全額を投資する専用ETFを自国側に設定・上場するもので、「フィダー方式」ともいわれるものだ。

たとえば、日本の野村アセットマネジメントと中国の華夏基金のケースを見てみよう。まず、中国側の華夏基金は、東証に上場されている野村の日経225ETFに投資するための専用ETFを上海証取に上場する。その一方で、野村側は、上海証取に上場されている華夏基金の上海50ETFに投資するための専用ETFを東証に上場する。これにより、相手国の株価指数に連動するETFを、自国の証券市場で取引することが可能となった。

両国の投資家からすれば、身近な自国の証券会社を通じて、株式相場の動きを確認しながら、ほぼリアルタイムで、手軽に双方のETFを取引できる環境が整ったと言える。

特別投資枠をめぐる国際交渉

「日中ETFコネクティビティ」の枠組みを構築する際に、最大のポイントとなったのが、中国の資本規制との関係整理である。日中間のクロスボーダー取引の真の発展のためには、自由な証券取引に制約が生じることは回避しなければならない。

日本は国際資本取引が自由であるが、中国は投資枠管理などの厳しい規制が現在も残っている。適格機関投資家による中国への対内証券投資枠（QFII枠、人民元建てのRQFII枠）、中国からの対外証券投資枠（QDII枠）のいずれについても、中国国家外貨管理局の認可が必要だ。

とくに、中国国内において日本株に投資するETFが上場した場合、中国側から見れば「資本流出」要因と見なされる可能性がある。国際化を進めたい中国証券当局とは裏腹に、外貨管理当局が慎重な態度を崩さないことも想定された。2015年の「チャイナショック」時に、中国からの対外証券投資が厳しく制限されたことも記憶に新しかった。

いくら中国自身が「金融の対外開放」を掲げているとはいえ、総論と各論、証券当局と外貨管理当局の立場が食い違うことも想定して、国際交渉を進める必要があった。

筆者は、中国との長年の国際交渉の経験から、このような前例のない破格の条件を勝ち取るためには、日本側からの働きかけだけでは限界があり、中国側の内発的な動きが重要と考えていた。中国国内で十分な影響力を発揮できる主体が自ら推進役になり、必要に応じて中国国内を調整・説得してもらう形にならないと実現は程遠い。

幸いにも、中国の証券当局および証券取引所の関係者は、こうした日本側の思いを最大限受け止め、粘り強い国内交渉を行ってくれた。こうした幸運は本当に得難いものであり、日中双方の関係者のご尽力に心から感謝したい。

最終的には、両国取引所が合意した「日中ETFコネクティビティ」の枠組みを用いる場合には、中国国家外貨管理局から「特別な投資枠」が付与されることで決着した。つまり、このスキームは、中国の通常の外貨管理とは別枠で、個別かつ柔軟に対応することが認められた。また、合意文書のなかで、ＥＴＦ上場手続きや特別枠の付与が明確化されたことも画期的な成果であった。中国の厳格な外貨管理規制を長年見てきた筆者にとっては、まさに奇跡のような出来事だった。

この一点を見ても、中国側の日中金融協力や金融対外開放に対する本気度が伝わってくる。また、今回の判断には中国政府内の多くの関連部門が関与している。本スキームの意義を共有できる賢明なリーダーが、中国金融当局の各部門に広く存在していることが大変心強く感じられた。

日中間の投資需要と将来性

「ＥＴＦコネクティビティ」は、日中の株式市場をつなぐブレイクスルーとなったが、そもそも、日中間でどれだけのクロスボーダー取引の投資需要があるのだろうか？

これについては、前述の第1回日中資本市場フォーラムにおける「ＥＴＦコネクティビティに関する分科会」のなかで、日中両国のＥＴＦ運用会社や証券専門家の間で詳細な議論が行われたのでご紹介したい。**【図表2―1―3】**

図表2-1-3　日中相互上場ETF一覧

上海上場ETF一覧

中国アセットマネジメント	対象指数	日本パートナー
華安基金	日経225	三菱UFJ国際投信
南方基金	TOPIX	アセットマネジメントOne
華夏基金	日経225	野村アセットマネジメント
易方達基金	日経225	日興アセットマネジメント

東証上場ETF一覧

日本アセットマネジメント	対象指数	中国パートナー
三菱UFJ国際投信	上海180A株指数(SSE180)	華安基金
アセットマネジメントOne	CSIスモールキャップ500指数(CSI500)	南方基金
野村アセットマネジメント	上海50A株指数(SSE50)	華夏基金
日興アセットマネジメント	上海・深圳CSI300指数(CSI300)	易方達基金

出典：第3回中国金融研究会資料(JPX作成)から抜粋

まず、日本から中国へのアウトバウンド投資については、2010年頃の中国株ブーム時、中国株ファンドの運用資産残高のピークが約1・5兆円だったことや、年金資金等を運用する機関投資家の投資ベンチマークとなっている国際株式投資インデックスにおいて、中国株のシェアが引き上げの方向にあることなどを理由に、近い将来「少なくとも数兆円規模」の投資需要が見込まれるとの見方が示された。

一方で、中国から日本へのインバウンド投資については、「ゼロからのスタートであり、当初は数億元（数十億円）レベルの小さな規模から始まるだろうが、『安全で収益安定な日本株式』への中国人投資家の関心は高く、認知度向上に伴って着実な拡大が期待される」、「仮に株価上昇＋円安といった好条件が整えば、外国人投資家に人気だった米ドル建て日本株ＥＴＦのように、一気に数兆円規模に投資需要が膨らむ可能性もある」との見通しが示された。

今回の合意に基づき、日本の野村アセットマネジメントとペアを組み、日本株ＥＴＦを取り扱う華安基金管理有限公司の童威総経理は、「２０１４年からドイツＤＡＸ指数ＥＴＦを取り扱っているが、２０１５年のチャイナショック以降、中国人投資家の安定収益に対する関心は着実に強まっている。中国国内では、日本株商品の効率性をアピールしていきたい。日本と中国は時差がわずか1時間で、ほぼリアルタイムに近い取引が可能であり、決済の即時性も確保されている。セミナー等を通じて、中国株と日本株の違いへの理解を深めていきたい。とくに、中国の機関投資家の理解を深めることが重要だ」とコメントした。

また、日興アセットマネジメントとペアを組み、日本株ＥＴＦを取り扱う易方達基金管理有限公司の汪蘭英氏は、「日本と中国の市場特性の違いの大きさが、中国人投資家にとって大きな魅力となる。もともと中国人投資家は海外投資に強い関心をもっており、最初は香港から始まり、次に海外上場する中国企業株への関心が高まったが、最近では、高齢化に伴う長期運用や投資リスク分散のニーズが高まっており、安全通貨である日本円、ハイエンドな

日中ETF相互上場の記念式典（2019年6月25日、東京証券取引所）

製造業や医薬産業をもつ日本の高付加価値な産業構造、日経２２５の収益性の良さは、投資対象として大きな魅力を備えている」とコメントした。

　とはいえ、「当社の日本株への投資総額はごくわずかで、投資アロケーションもまだまだ少ない」とも語り、「日本株ＥＴＦのスタート時の取引規模は数億元（数十億円）規模から始まるだろうが、ＥＴＦ導入による日本株取引の利便性向上、市場流動性の向上、中国人投資家の認知度向上等に成功すれば、必ずニーズは高まると見込んでいる」との見解を示した。

　その後、日本株ＥＴＦの上場（２０１９年６月25日）前の募集では約２４０億円の資金が集まった。蓋を開けてみると、購入者の大半が個人投資家だった。報道によれば、当初想定の10倍もの資金が集まったETFもあったという。日本の株式市場に初めてチャイナマネーが直接流入するに当たり、幸先のよいスタートを切ることができた。

ETFコネクティビティの枠組みが契機となって、近い将来、チャイナマネーを日本市場に取り込むルートとして大きく育ち、日本市場の活性化にも一役買ってくれる日が来ることを期待している。

ETF市場の高い成長性

日中の資本市場協力を、なぜ個別株ではなく、ETFからスタートするのか?

それは、今後長い付き合いをしていくうえで、まずはお互いをよく知ることが重要だからだ。

日中両国の代表的な株式インデックスに連動するETFの取引を通じて、両国の投資家がお互いの株式市場について、徐々に理解を深めていくことは必要なプロセスと考えている。

中国側も同様の考え方をもっている。

とくに、中国で日本株に投資する投資家は、低リスクを好むパッシブ型の機関投資家が主たる需要層になることが予想されるなか、日本株投資のエントリー金融商品として、株価指数に連動する日本株ETFは最適であると言える。クロスボーダー取引を安定的に発展させていくためには、機関投資家による安定的・継続的な投資を着実に増やしていくことが必要であり、その基礎プロセスとしてETFが担う役割は大きい。

また、日中両国とも、近年ETF市場が急速に成長しており、外国株ETFも主力商品として、その存在感を着実に増してきている。高齢化、老後資金の長期安定運用、投資リスク分散といった投資ニーズにも合致した金融商品であり、将来の発展性が期待できる。【図表2-1-4】

東証のETF商品は、1993年に日経300ETFが上場してスタートした。その後、不動産投信（REIT）や債券ETF等が導入され、商品数や投資残高が急増、時価総額も10兆円を超えた。その後、約10年間で市場規模は3倍超に拡大し、約220銘柄、時価総額約34兆円の市場（2018年末）に成長している。

外国株ETFは約40銘柄あり、うち中国株式関連も3銘柄ある。ETF取引高の約6割が外国人、約3割が個人投資家で、外国人投資家が活発に売買していることがわかる。また、ETF保有額のシェアで見ると、信託銀行をはじめとする機関投資家が約9割を占めてお

図表2-1-4　日中ETF市場の拡大

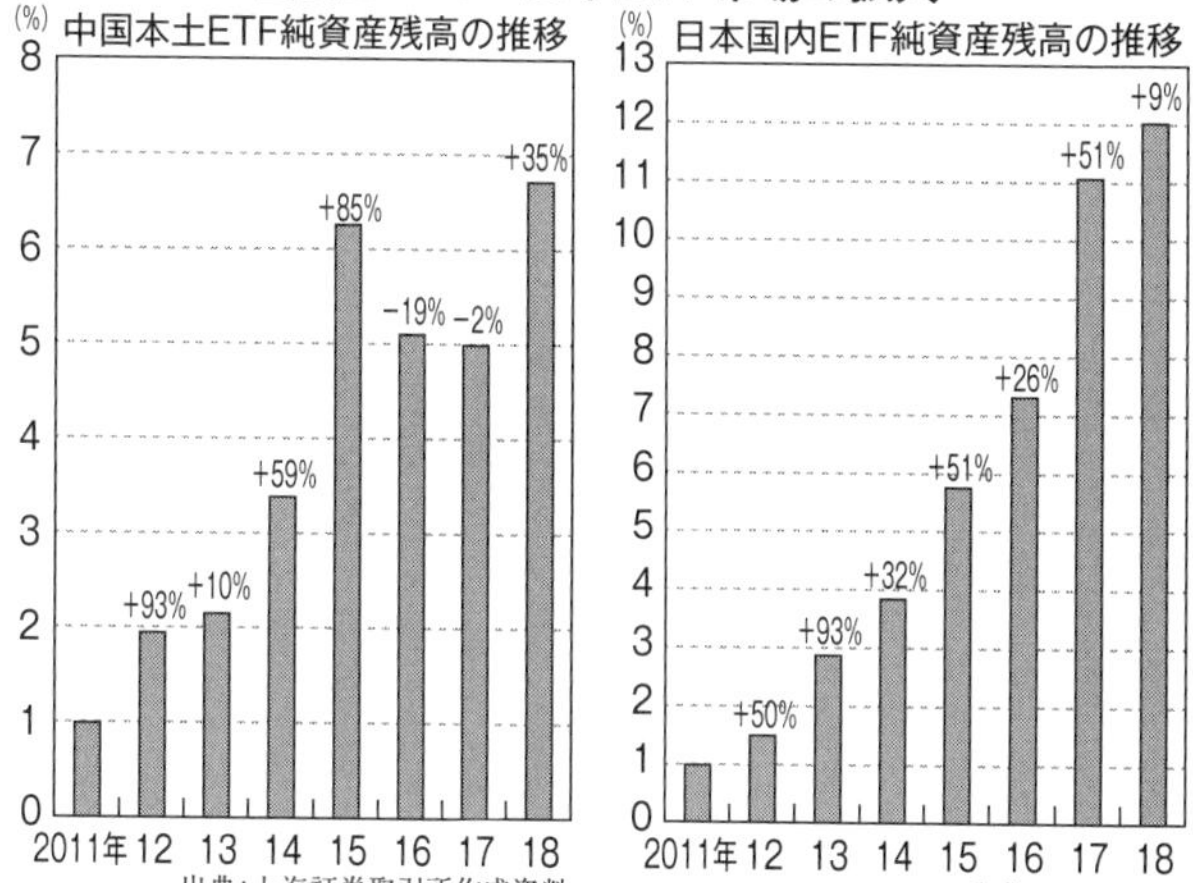

出典：上海証券取引所作成資料

出典：Bloomberg

出典：第3回中国金融研究会資料（JPX作成資料）から抜粋　＊2011年時点を1とする。％は前年比率

り、機関投資家の存在感も大きい。

上海証取のＥＴＦ市場は、２００４年に華夏基金が組成した「上海50」でスタートした。その後、順調に市場規模を拡大していったが、チャイナショックが発生した２０１５年に一気に急増し、市場規模は５０００億元（約８・４兆円）近くに達した。その後若干の調整を経て、約２００銘柄、時価総額約６０００億元（約10兆円）の市場（２０１９年３月末）に成長している。

外国株ＥＴＦも２０１３年に開始され、香港（Ｈ株指数、ハンセン指数）、米国（Ｓ＆Ｐ５００、ナスダック指数）、独ＤＡＸ指数のＥＴＦなど7銘柄が上場されている。外国株式ＥＴＦの取引量の約7割が個人であり、機関投資家は約3割となっている。保有額シェアでも、個人約3割、機関投資家約7割と、個人投資家の存在感が大きいことがわかる。

上海証取の劉逖・副総経理は、マクロ面から中国と米国のETF市場を比較しながら、中国のETF市場の成長性について、こう強調していた。

「ETF時価総額は、米国の約3兆ドル（約330兆円）に対し、中国は約6000億元（約10兆円）。GDP比で見ると、米国16％に対し、中国はわずか0・6％。上場企業時価総額比で米国約10％に対し、中国は約1％。公募ファンド規模比で米国約17％に対し、中国約4％。中国のGDPや資本市場規模から見て、ETF市場の規模は不釣り合いに小さく、今後何倍にも成長する余地がある」

さらに、中国の国内投資家にとって、ETF投資はまだ十分認知されておらず、上海A株投資口座数約1・5億口座に対し、ETF投資口座は約120万口座で、全体のわずか0・2％にすぎないことも紹介された。その理由は、「ETF」という商品名が中国人投資家にはわかりにくく、普及のために「指数株」と名称変更することを検討中との説明があった。ETFを馴染みやすい名称に変更することは、日本でも十分検討する価値があると思われた。

今後、中国も高齢化が進展していくなかで、老後資金等の長期運用や投資リスク分散のニーズ、成熟した機関投資家への運用委託ニーズが高まっていくと予想され、ETFの知名度向上、取引ルールの整備、機関投資家の市場参入、投資教育の普及等が進むにつれ、日本を含む海外株式ETFへの潜在的投資ニーズが顕在化し、投資需要は着実に高まっていくとの見方も示されていた。

日本と中国が、双方のETF市場の成長を背景にしながら、お互いの市場特性の違いを活かして補完性を高め、両国それぞれの投資ニーズを満たす形で、相互に便益を享受できるウイン・ウィンの形が実現していくことを期待したい。

日中資本市場協力の意義

「日中ETFコネクティビティ」の実現は、あくまで日中資本市場協力の第一歩であり、入口である。協力の発展余地は無限に大きく、また長期的に取り組むべき戦略的なテーマであることを忘れてはならない。

中国側は、日中資本市場協力をどう考えているのだろうか。上海での第1回日中資本市場フォーラムにおいて、中国証監会トップの易会満主席や国際担当ナンバー2の方星海・副主

中国証券監督管理委員会の易会満主席（右）と方星海副主席（写真提供：共同通信社）

席は、「日中の証券市場は補完性が非常に高く、協力の余地はきわめて大きい」と述べている。易会満主席は元中国工商銀行の経営トップ、方星海氏は中国金融界を代表する国際派で、中国経済政策の司令塔である「党中央財経指導小組」の幹部経験もある人物だ。

その具体的な意味として、方星海氏は、「日本は、巨額の個人金融資産を保有し、高齢化が本格化するなかで、収益性の高い資産運用に対するニーズが高まっている。中国も、高い経済成長によって巨額の個人貯蓄が積み上がり、投資のリスク分散と安定的な収益の確保へのニーズが高まっている。日本の投資家は、対中証券投資によって高いリターンを得ることができ、中国の投資家は、対日証券投資によって、リスク分散と安定収益を得ることができる。日中は、まさにウィン・ウィンの関係が成立する」という考え方を示している。

筆者も、基本的に同様の考えをもっているが、日本の立場から、日本独自の視点も交えて、日中資本市場協力の意義を論じてみたい。

第1は、わが国投資家への投資機会の提供である。前述のとおり、個人投資家についても、機関投資家についても、中国への投資ニーズは着実に高まっていくことが予想されている。今後の世界経済や国際金融の構図を考えたときに、日本のみならず世界中の投資家にとって、中国は投資対象として大きな選択肢の一つとなっていくことは間違いない。その際、日中間の調整不足によって投資環境が整備されておらず、日本から中国への投資機会自体が失われることがあってはならない。もちろん投資は各投資家の自己判断によるべきものだが、中国を含め投資の選択肢が幅広く用意され、多様な投資機会が提供されることは、わが国の投資環境の向上という観点からも重要である。

第2は、チャイナマネーを日本市場に取り込むチャネルを整備し、日本市場の活性化や日本経済の成長に役立てていくための仕組みを準備しておくことだ。中国経済はさらに拡大し、遠くない未来に米国にキャッチアップする可能性も高く、日中間の金融活動はいっそう活発化していく流れにある。もちろん知的財産保護や技術流出の問題についてはしっかりと対応していく必要があるが、将来を見据え、日本経済活性化のために、莫大なチャイナマネーを取り込むための基盤整備を進めておく必要がある。この点については、第三章で詳しく論じたい。

第3は、中国が国を挙げて取り組んでいる金融国際化に、日本としてもしっかりコミットすることで、日本自身の中国金融に関する情報収集能力や中国向けネットワークを強化し、日本の国際競争上の地位を向上させることだ。

世界中の金融機関が、高い成長が期待できる中国ビジネスに強い関心をもっており、日本の金融機関も激しい国際競争の中にある。他方、中国の政治体制、金融制度、行政運用等の実態を踏まえると、日本が他の主要国に先行して中国ビジネスの恩恵を享受するためには、官民がしっかり連携して対中ロビー力を強化していく必要がある。そのためには、たんなる日中間の友好活動だけでは不十分で、具体的な交渉イシューをもち、継続的に相手の考えや行動様式をウォッチしながら、つねに信頼関係を磨いておくことが必要になる。日中資本市場フォーラムは、年1回を目途に両国で相互開催することとされており、このプラットフォームを通じて、お互いの最新の関心事項や、今後志向する方向性等を確認することができる。

いずれ、中国との関係構築は一朝一夕にできるものではない。たとえ最初は小さくとも、真剣に向き合い、具体的な協力の積み重ねを継続することで、相互理解が増し、いずれ強固な信頼関係へと発展していく。その基礎と環境が整って初めて、双方にとって真の実益となる協力案件が実現可能になってくる。

まずはＥＴＦ相互上場を成功させ、その基礎の上に立って、「東京＝上海ストックコネクト」構想や、機関投資家による相互投資の促進、投信商品の相互販売制度の整備等について、将来に向けた議論をしていくことが現実的なアプローチであろう。

２０１９年春、ＥＴＦから始まった日中資本市場協力の「小さな種」が、時を経ていずれ大輪の花を咲かせることを願ってやまない。

第二節　巨大中国市場に参入する証券会社

40年越しの悲願の達成

２０１９年３月29日、野村ホールディングスが、中国での証券会社設立に関するプレスリリースを公表した。野村ホールディングスが過半出資（51％）する「野村東方国際証券有限公司」を上海市に設立することが、中国証監会から認可されたという内容だ。

前年４月のボアオ・フォーラムで、中国の金融対外開放の具体的方針が示されてから約１年、外資が過半出資する証券会社（外資マジョリティ証券会社）の新設認可として第１号になる画期的な発表だった。

筆者はこの発表に接して、万感の思いが込み上げてきた。野村證券にとっては40年越しの悲願達成であり、筆者にとっては北京駐在時代から10年越しで取り組んできた、日系証券会社の中国市場への参入がやっと実現した瞬間だったからだ。

野村證券が、外資系証券として初めて中国駐在員事務所を開設したのは、いまから約40年

図表2-2-1　証券業の外資開放までの流れ

1970年代	1978年　中国 改革開放政策が開始
1980年代	**1982年　外資系証券の中国駐在員事務所第一号として野村證券北京事務所開設** 1983年　中国発行体による初の海外起債（CITICサムライ債） **1983年　大和証券北京事務所開設、1986年に大和証券上海事務所開設** 1985年以降　CITIC、中国財政部、中国工商銀行、中国農業銀行等がサムライ債を発行
1990年代	**1990年　上海証券取引所を開設** 1991年　海外投資家向けのB株が初めて発行された **1992年　中国証券監督管理委員会（CSRC）設立** 1993年　中国国営企業初の海外上場、H株（青島ビール） 1993年　中国会社法制定 1998年　中国証券法制定
2000年代	2001年　中国WTO加盟によって、金融分野の対外開放も約束 2002年　外資合弁による証券会社や基金会社の設立を認可（外資側33%上限） 2002年　海外投資家によるA株投資を認めるQFII制度が導入 **2004年　日系唯一の合弁証券「海際大和証券」を設立（2014年に合弁解消）** 2005年　中国国内で非居住者による起債（パンダ債）が認可 2006年　中国国内金融機関による対外投資QDII制度が導入 2011年　RQFII制度が導入 2012年　外資合弁証券への出資上限緩和（33%→49%） **2014年　上海・香港ストック・コネクト開始** **2016年　深圳・香港　ストック・コネクト開始** **2017年　ボンド・コネクト開始**

出典：第1回中国金融研究会資料（大和証券作成）から抜粋

前の１９８２年のことだ。文化大革命が終わり、鄧小平のリーダーシップの下、改革開放政策が始まった１９７８年からわずか４年後のことだった。その翌年には、中信グループ（ＣＩＴＩＣ）がサムライ債（非居住者が発行する日本円建て債券）を発行し、中国発行体による初の海外起債が実現している。翌１９８３年には、大和証券が北京事務所を開設した。その後１９８５年以降、中信グループ（ＣＩＴＩＣ）、中国財政部、中国工商銀行、中国農業銀行等のサムライ債発行が続いた。

これらは、中国の証券市場および証券業の発展に、日本証券界が並々ならぬ貢献をしてきたことを端的に示すエピソードだ。1980～1990年代にかけて、日本の証券各社の招待で、証券実務を学ぶために来日した研修生は数千人に上ると言われている。こうした長年にわたる日本側の努力にもかかわらず、中国証券業の門戸は固く閉ざされたまま長い時間が過ぎていった。

2001年の中国のWTO加盟時も、銀行業や損害保険業は100％外資（外資独資）が認められたが、資本自由化が未実現である等の理由から、証券業には非常に厳しい外資制限が残った。外資系銀行では一般的だった支店形態での参入は認められず、辛うじて出資比率3分の1未満の外資マイナー出資の合弁証券会社は認められたものの、業務範囲も厳しく制限され、証券会社の主力業務である株式の売買仲介（ブローカレッジ）すら取扱いできなかった。

その後、外資がマイナー出資する合弁証券会社が4社設立され、そのなかには大和証券が出資した「海際大和証券」もあったが、マイナー出資で経営の制約が大きく、営業範囲も厳しく制限された。ビジネスは、日中企業のM＆A（合併・吸収）と中国企業の新規上場のみに限定され、中国株式の発行市場が急拡大するなか、投資銀行業務は一部の中国系大手証券会社の寡占状態になったこともあり低迷が続き、２０１４年には合弁が解消されている。

このように、日本の証券会社は約40年ものあいだ、中国証券ビジネスに本格参入させてもらえなかった。遅れて入ってきた欧米系の証券会社についても状況は同様で、経営破綻した中国系証券会社を救済した米ゴールドマンサックスとスイスＵＢＳは実質的経営支配権や業務範囲の特例的な扱いが認められてきたとされているが、中国本土の証券ビジネスで大きく先行している状況にはない。証券業の外資参入には、まさに「万里の長城」が存在した。

その意味で、野村ホールディングスが獲得したライセンスは、日中金融史に残る大きなステップと言える。その事業の成否は、今後の中国証券市場における日系証券会社のプレゼンスを大きく左右するといえよう。

なお、野村ホールディングスへのライセンス付与と同時に、米ＪＰモルガン・チェースが過半出資する証券会社（摩根大通証券（中国）有限公司）の設立も認められた。米中貿易戦争がエスカレートしている最中に、日本と米国の証券会社に同時にライセンスを出した中国側の意図はいったい何だったのか。

第三章で詳述するが、このエピソードは、証券会社へのライセンスが個別金融機関の次元を超えて、中国にとっては重要な外交カードの一つとなっていることを示すものだ。中国案件で官民連携が必要な理由はこういう所にある。

中国の超富裕層を狙え

日系を含む外資系証券にとって、中国金融市場には、どのようなビジネスチャンスがあるのだろうか? キーワードの一つが「超富裕層」だ。

中国の個人金融資産は急激に伸びている。2012年の段階では12兆ドル(約1300兆円)で、日本(同年で約1547兆円)の水準にはまだ達していなかった。しかし、わずか4年後の2016年には21兆ドル(約2300兆円)にまで成長し、日本(同年で約1800兆円)の約1・3倍に達した。今後も高い成長が続き、2022年には38兆ドル(約4200兆円)、わずか6年で倍近くになる見通しだ。【図表2-2-2】

この急激な伸びを支えているのが、投資可能資産100万ドル(約1・1億円)超の「超富裕層」(HNWI)だ。個人金融資産のうち超富裕層のシェアは、2012年が25%、2016年が38%、2022年が45%と大きく伸びている。各種調査によれば、こうした超富裕層の数も急激に増加しており、2000年年代には数十万世帯だったが、2010年代半

図表2-2-2　中国個人金融資産の伸び

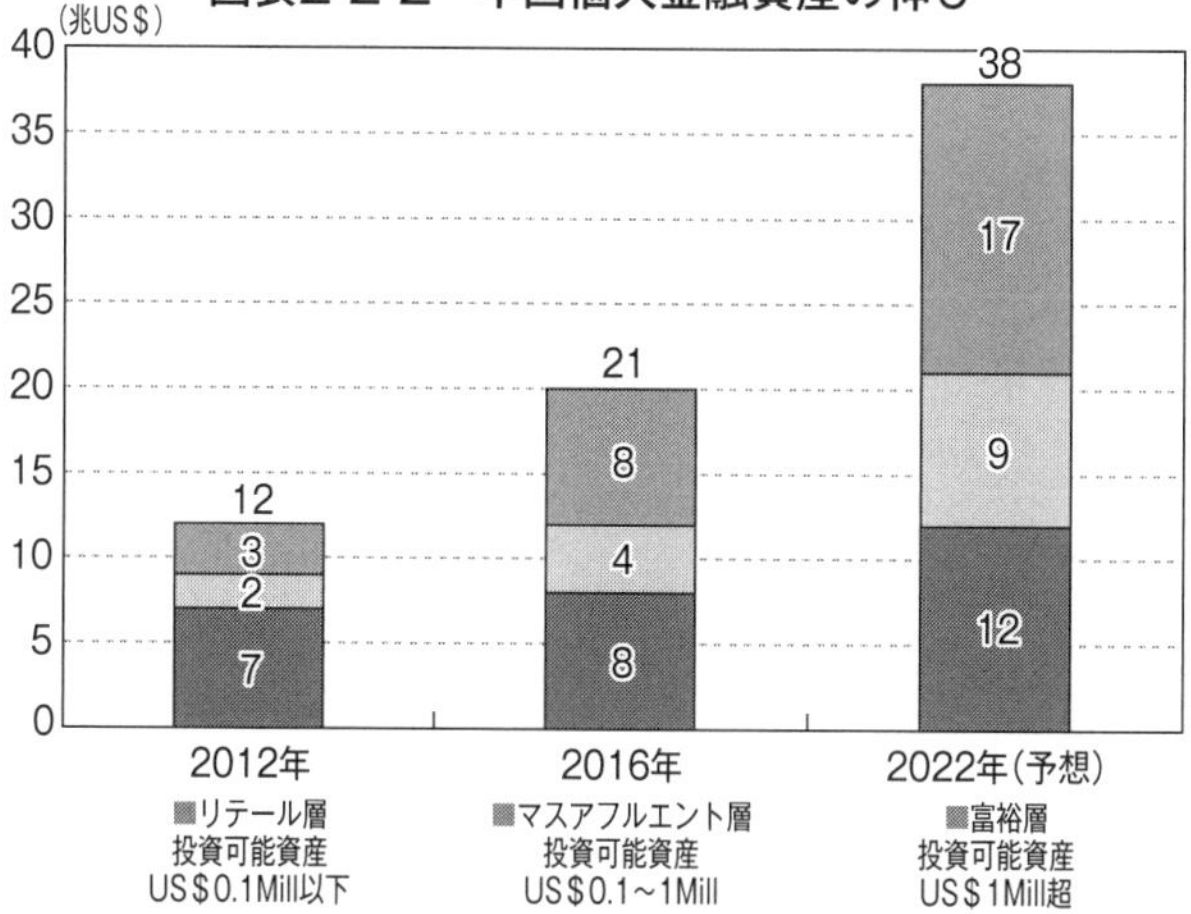

出典：第1回中国金融研究会資料（野村アセットマネジメント提出）

ばには２００万世帯、２０２２年には４００万世帯近くまで増加するとの見通しだ。中国の超富裕層の人数は、これまで米国、日本、ドイツに続き世界第４位といわれてきたが、このまま伸びが続くと、米国に次ぐ存在となる日も近いと考えられる。さらに、超富裕層に準じるマスアフルエント層（投資可能金額10万～１００万ドル）やリテール層も高い伸びが見込まれている。このように、中国の超富裕層を主たる顧客対象としたプライベートバンキング分野は大きな成長が見込まれる。

他方で、中国は厳しい外貨管理規制が残っており、投資先は自ずと中国国内が中心となる。海外投資への制約も多く、国際リスク分散も難しい。また、中国の証券会社は厚い参入規制に守られてきたがゆえに、海外証券投資に関する情報、ノウハウ、経験等も乏しい。現在の状況では、高度化する資産運用ニーズを満たす十分な金融サービスを受けられていない投資家も数多いと考えられる。

多様な金融商品のラインアップや国際分散投資など、富裕層のニーズにかなう高品質で総合的な金融サービスの提供は、外資にとって自らの強みを発揮しやすい分野であり、中国系証券会社と最も差別化が図れる分野といえよう。

野村ホールディングスが設立する証券合弁会社も、同社プレスリリースによれば、同社の強みとされる対面型コンサルティング営業のノウハウを活用した、中国国内における富裕層個人向けウェルス・マネジメント・ビジネスから事業を開始するとしている。超富裕層には会社オーナーが多く、個人財産管理を通じて関係性を構築し、商品販売基盤の確立を進めた後、設立から数年後に認められる業務範囲の拡大に合わせて、新規株式公開（ＩＰＯ）やＭ＆Ａなどのホールセールビジネスを含めた他のビジネスへと展開していく戦略だという。

外資系金融機関が中国で本格的に事業展開を行う場合、とくに重要なのは現地パートナーだ。現地で固有の顧客基盤をもたない外資系にとって、それをもつ現地パートナーとの信頼関係やコラボレーションがどこまで機能するかによって、中国事業の成否が決まるといっても過言ではない。野村ホールディングスがパートナーに選んだ上海の「東方国際集団」は、上海市の管理下にある国有企業グループだが、中国現地報道によれば、かつて野村證券が改革開放後に日本へ招聘した中国研修生の1人で、その後同集団総裁となった汪陽氏との縁が大きかった、という。

改革開放から40年という時間を経て、途中さまざまな荒波を乗り越えながらも、もしこうした東洋的な縁が現在につながっているのであれば、一日本人として大変嬉しく思う。

高齢化に伴う資産形成ニーズの高まり

中国社会の高齢化に伴う資産形成ニーズの高まりも、外資系証券にとって大きなビジネスチャンスである。

中国は、世界一の人口規模と豊富な労働力が経済成長の原動力となってきたが、2014年の10・1億人をピークに、生産年齢人口（15～64歳）は減少が始まり、高齢化が急速に進んでいる。

2016年には、高齢者人口（65歳以上）が約1・5億人に達し、総人口比10・8％と初めて1割を超えた。1982年には4・9％だったことを踏まえると、この約40年で高齢者

図表2-2-3　中国の高齢化の推移

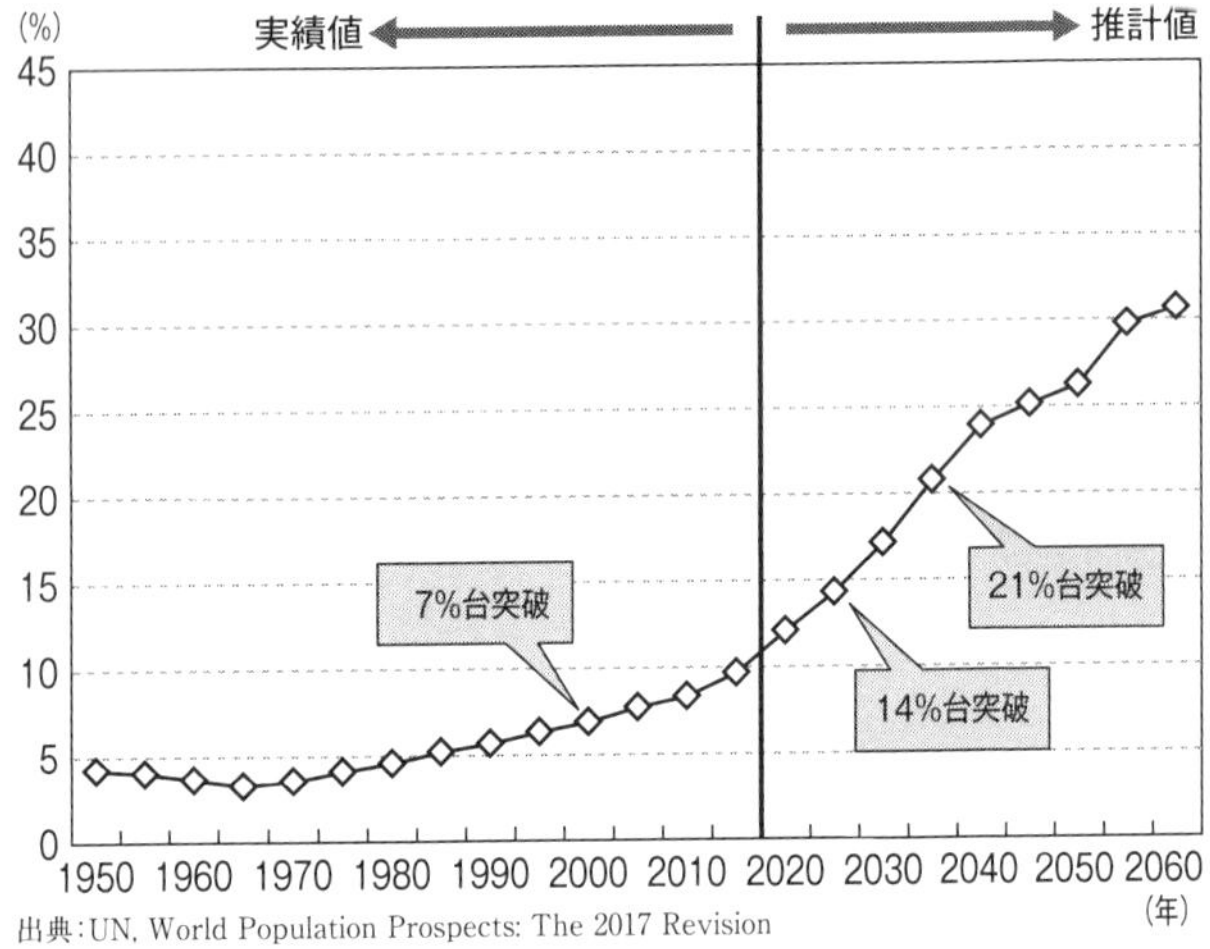

出典：UN, World Population Prospects: The 2017 Revision

比率は2倍以上に高まったことになる。日本でいえば１９８０年代後半と同等の水準である。

国連等の定義では、高齢者率７％超で「高齢化社会」、14％超で「高齢社会」、21％超で「超高齢社会」とされる。このベンチマークに中国を当てはめると、２００２年に７％を超え、２０２５年に14％、２０３５年に21％を突破すると見込まれている。【図表２-２-３】

７％から14％に達するまでに要した年数を「倍化年数」といい、国際比較でもよく用いられる。日本の24年（１９７０年→１９９４年）に対し、中国は23年（２００２年→２０２５年）と見込まれ、高齢化スピードが格段に速い日本をさらに上回るスピードで、中国の高齢化は進んでいくと予想されている。その後も高齢化比率は伸長し続け、２０５５年には30％（日本の２０２０年と同水準）を突破すると見込まれている。

このように、中国の高齢化は、日本から約30年遅れで進行しているイメージだ。高齢社会における金融ニーズといえば、何といっても年金資金である。

中国の公的年金制度は、都市部就労者（強制加入で約３・５億人）が加入する「都市従業員基本養老保険」と、農村住民や都市部非就労者（任意加入で約5億人）が加入する「都市・農村住民基本養老保険」の2種類に大別される。

制度運営は地方政府単位となっており、地方間の経済格差を反映して年金財政にも格差が大きい。ただし、高齢化が急速に進むなか、年金制度の持続性を高めるため、中国政府も中央一括管理への移行を進めていこうとしている。

肝心の年金給付額だが、受給月額の全国平均（２０１６年）は、前者が２３６２元（約4万円、平均給与カバー率43％）、後者はわずか１２０元（約２０００円）しかない。日本より物価が安い中国だが、継続的に物価も上昇しており、公的年金だけで生活を維持することはきわめて困難である。このため、公的年金の給付水準の向上とともに、個人による自助部分の積増しが重要な課題となっている。

こうした背景の下で、外資系証券会社にとっては、中国年金資金の運用高度化や、国際投資によるリスク分散への貢献が、大きなビジネスチャンスになると考えられる。

その一つが、中国の公的年金運用への参画だ。年金制度の中央一括管理の流れのなかで、年金資金の運用は、各地方政府による安全運用（銀行預金や国債売買）から、中央運用機関である全国社会保障基金（ＳＳＦ）への委託プロ運用へとシフトしてきている。ＳＳＦの総資産は２０１６年に２兆元（約33兆円）を超えた。

ＳＳＦは、もともと基本年金基金の赤字補塡《ほてん》のために２０００年に創設された基金で、年金保険料財源の年金積立金以外の資金（累計約８０００億元、約13兆円）については、従来から、自主運用に加えて、民間運用会社を活用した委託運用も積極的に実施してきている。２００６年以降は海外運用にも取り組んでおり、総資産の20％を上限に海外運用も可能だ。海外運用委託先には欧米系の主要な運用会社が選定されている。

加えて２０１５年には、年金積立金自体の株式運用やリスク資産投資も解禁され、中国系の保険会社・基金管理会社等21社が運用受託機関に、銀行４行が資産管理機関に指定された。現時点では運用委託機関の中に外資系は選出されていない。

ＳＳＦの資金運用を行う金融機関と取引する日系金融機関（アセットマネージメント会社等）もすでに出始めているが、運用対象資産への日本金融商品の組み入れ、ＳＳＦの海外運用委託先や資産管理機関等への日系金融機関の参入は、今後大きなテーマになってくると考えている。

また、中国の企業年金市場への参画も大きなテーマだ。中国は２００４年に確定拠出型の企業年金制度を導入し、２０１６年には、設定企業数は８万社近く、加入者は約２３００万人、企業年金残高も1兆元（約16・7兆円）を超えた。企業年金は公的年金と比べて幅広い資産運用が認められており、運用ガイドラインの投資対象に外国株式や外国債券が含まれれば、大規模な市場が新たに創出されることになる。

中国より約30年早く社会の高齢化が進む日本にとって、高齢化対応の経験を中国ビジネスに活かすことができれば、日本自身の大きな成長機会につながると考えている。高齢化という共通の社会課題を抱える日中両国が、年金分野でウィン・ウィンの関係を構築することができれば、ビジネス面のみならず、その外交的意義も非常に高いと考えている。

第三節　脱「日系企業依存」

持続する日系企業の中国進出

中国は日本企業の最大の海外進出先であり、その数は断突の1位である。海外に進出している日系企業の総数（拠点数、2017年）約7・5万拠点のうち、中国は約3・2万拠点、全体の半分弱のシェアを占めている。多くの日系企業が中国でビジネス活動を行っている。第2位の米国、第3位のインド、第4位のタイ、第5位のインドネシアと比較しても、日本企業と中国との関係の深さがよく理解できる。【図表2−3−1】

日中関係が悪化した数年前、「中国撤退」や「チャイナ＋ワン」が流行語になったこともあった。しかし、日本から中国への直接投資額は、2013年に若干落ち込んだものの、1兆円前後で安定的に推移している。金額でこそ対米国（近年は約5兆円前後）とかなり差があるが、多くの新興国への直接投資額はプロジェクトの多寡により大きく変動するなかで、安定性が高いのが中国の特徴だ。

図表2-3-1　日系企業進出先（上位50カ国、拠点ベース）

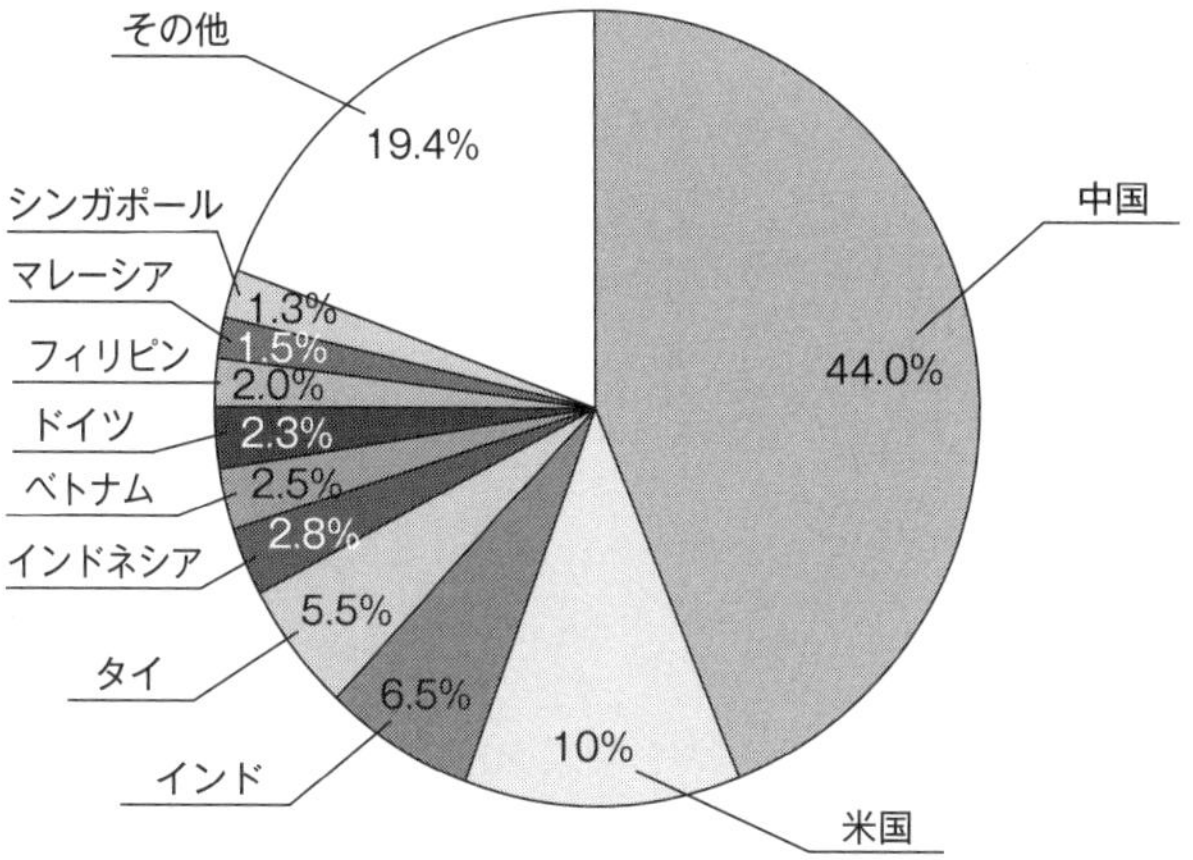

出典：外務省 海外在留邦人数調査統計（2017年末時点）

国際協力銀行（ＪＢＩＣ）が、海外事業の実績がある製造業に対して行う海外直接投資アンケート調査でも、調査が開始された１９９２年以降、「中期的有望国」のトップは一貫して中国であったが、２０１３年から４年間はインドやインドネシアを下回った。しかし、２０１７年になると中国が再び首位に戻っている。**【図表２-３-２】**

その理由として、約７割が「現地マーケットの成長性や現状規模」を挙げており、約２割が「サプライチェーンや現地の産業集積」を挙げている。もはや「安価な労働力」という回答は見る影もない。

かつての日系企業の中国進出は、安い人件費が主たる目的で、加工型貿易で日本に逆輸

図表2-3-2　JBIC海外直接投資アンケート調査 中期有望国の順位

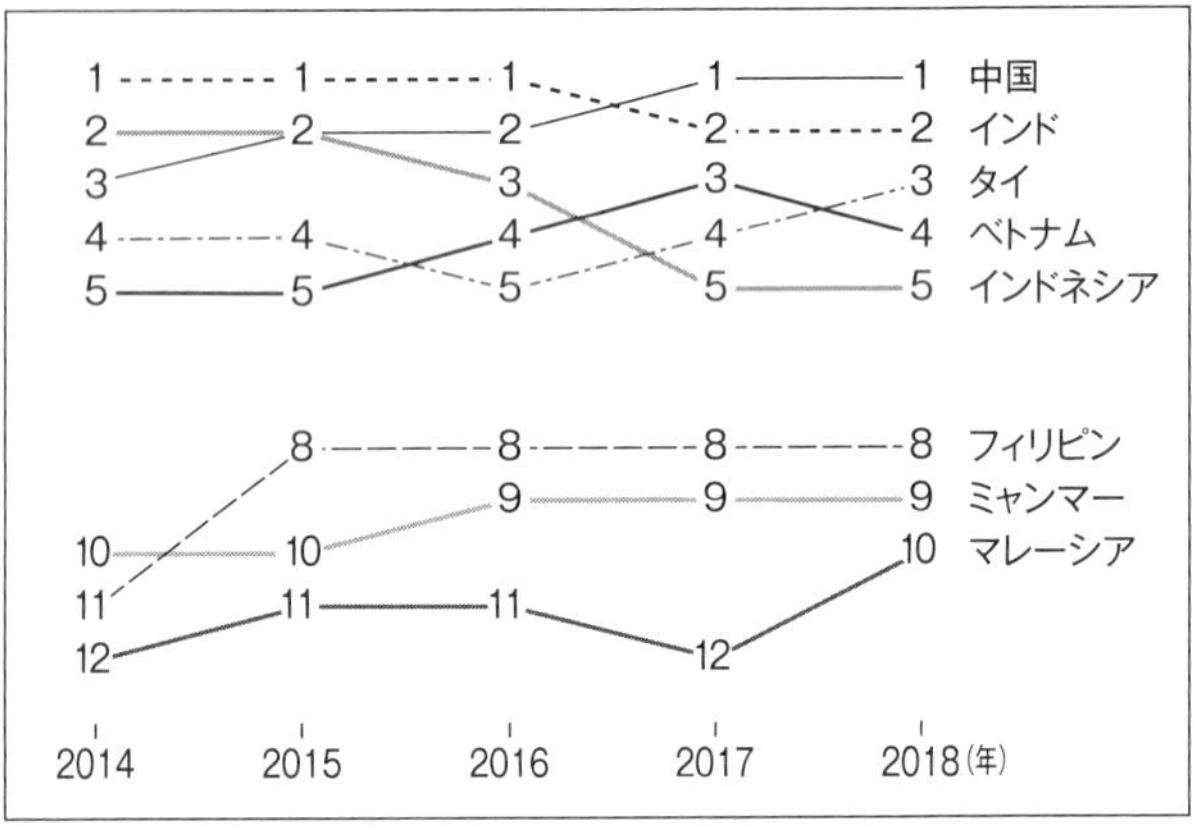

出典：JBIC わが国製造業企業の海外事業展開に関する調査報告
2018年度海外直接投資アンケート調査結果（第30回）

入するビジネスモデルが典型的であった。しかし、現在は巨大な中国市場、水平的にも垂直的にも整備されたサプライチェーン、研究開発拠点としての魅力に転換している。とくに、自動車、化学、機械、小売りなどの分野で、こうした動きが顕著だ。

日系企業依存の従来型ビジネスモデル

１９８０年代以降、多くの日系企業が中国に進出し、今後も巨大中国市場をめざす動きが続くと見込まれるなかで、日本の金融機関は、中国でいったいどのようなビジネスを展開していくのだろうか。邦銀の中国ビジネスの歴史を簡単に振り返ったうえで、今後の経営課題を論じてみたい。

邦銀は、取引先である日系企業の中国進出に合わせて、80年代から中国に進出してきた。駐在員事務所からスタートし、外資銀行の業務範囲や営業地域に関わる規制緩和に合わせて、段階的に中国国内への支店設置を進めていった。

大きな転機は、２００１年のＷＴＯ加盟に伴う外資銀行の独資での参入解禁と大幅な業務規制緩和だった。銀行業の全面開放の一方で、現地銀行との競争条件の公平化、規制内容の内外無差別が図られることになった。２００６年には外資銀行管理条例が公布され、支店形態から現地法人形態への転換が強力に進められた。現地法人になることで、支店やサブブランチの拠点設置地域において、中国の企業や個人を顧客として人民元業務を営むことができるようになった。

こうした方針を受け、翌２００７年には、三菱東京ＵＦＪ銀行（当時）とみずほ銀行の現地法人化が認められ、少し遅れて２００９年に三井住友銀行の現地法人化が実現した。これにより、日本の３メガバンクは全て中国現地法人をもつことになった。外銀の現地法人は全部で35行あるが、日本を含む主要国のグローバル銀行に加え、韓国・タイ・シンガポール等アジア地域の銀行も多い。

３メガバンクは、いずれも中国現地法人の本部を上海に置いている。これは、上海が伝統的に中国の金融センターであることに加え、日系企業の多くが上海を中国ビジネスの拠点にしていることと関係している。3メガバンクの上海本部はいずれも、中国内外の金融機関が集積した上海の金融街「浦東エリア」に居を構えている。「上海森ビル」（上海環球中心）など超高層ビルが林立する国際ビジネスセンターだ。各行の本部には1000～2000人近いスタッフが働いており、日本からも、中国留学経験者や企画・市場部門の経験者など、非常に優秀な人材が100名以上派遣されている。

3メガバンクの中国国内の拠点数（2018年末）は、三菱UFJ銀行（中国）とみずほ銀行（中国）が17拠点、三井住友銀行（中国）が16拠点であり、日系企業の進出先を中心に、中国主要地域にサービス・ネットワークを広げている。また、3メガバンク以外の日系銀行では、三井住友信託銀行（上海支店）、横浜銀行（上海支店）、山口銀行（大連支店、青島支店）、名古屋銀行（南通支店）が支店形態で中国に進出している。**【図表2-3-3】**

従来の邦銀の中国ビジネスは、中国に進出する取引先企業を追いかける場合がほとんどだった。付き合いがある顧客日系企業の中国子会社や関係会社に対する法人貸付（コーポレート・バンキング）が中心で、中国企業や第三国外資企業に対する貸付はほとんど想定されていなかった。また、中国には12万人を超える日本人が在留（2018年現在）しているが、

図表2-3-3　邦銀の中国進出先（2018年12月末時点）

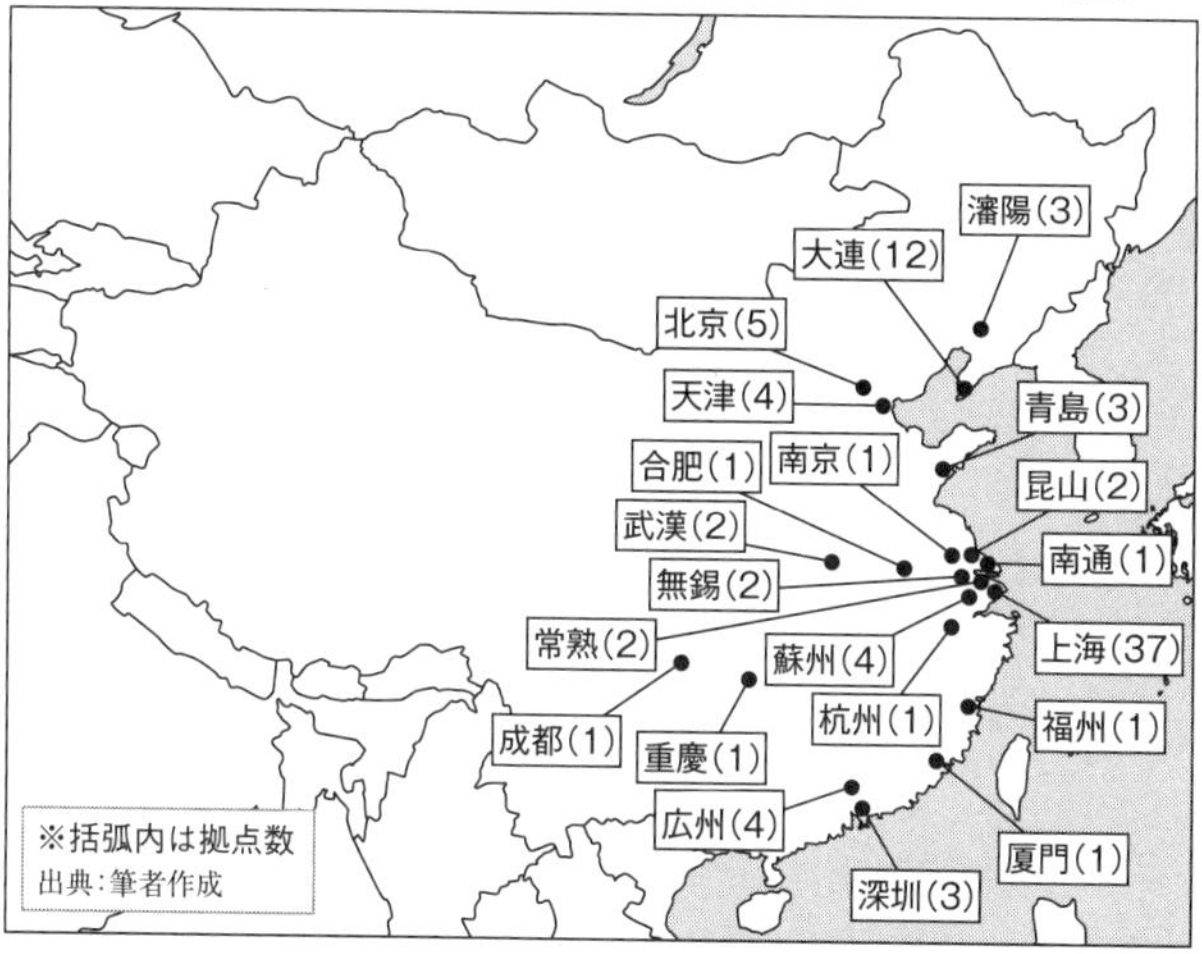

※括弧内は拠点数
出典：筆者作成

個人向け金融サービスの取扱いもない。

中国に進出する日本企業は数多く、しかも資金需要は旺盛であり、規制金利の名残もあって貸付利ザヤも確保しやすい。日本の親会社から債務保証を取り付ければ、貸し倒れリスクもほとんどない。中国に進出した日系企業だけ相手にしていても、十分な収益を安定的に上げることができた。

こうした従来型のビジネスモデルの下では、当然ながら貸付先は日系企業に集中する構造になった。２０００年代後半に３メガバンクの現地法人化が行われてからも傾向は変わらず、外銀の現地化を進め、与信集中リスクを懸念した中国銀行当局は、日系銀行に対してその是正を強く求めてきた。

非日系融資の拡大

邦銀の従来型ビジネスモデルが転機を迎えたのは、2008年のリーマンショックだ。かつて日本の不良債権問題が深刻化した際、邦銀がアジア地域から大挙して撤退したのと同様に、世界金融危機で経営が苦しくなった欧米の大手金融機関が本国回帰をはじめ、中国ビジネスからの撤退や大幅な業務縮小が相次いだ。

他方、中国経済自体は、リーマンショック後の「4兆元（約67兆円）の経済対策」によって、経済停滞を克服し、その後も高い経済成長が持続した。設備投資、事業資金、不動産開発、インフラ等の資金需要も伸び続けた。

中国においても、大型プロジェクトの中長期資金は、シンジケート・ローンで供給されることが一般的だ。プロジェクト主体となる外資系企業、中国系企業、中国の国有企業や地方政府系企業等が主な借主であり、日系企業も主要なプレーヤーだ。こうした借主に対し、邦銀を含む中国内外の金融機関がシンジケートを組成し、共同で大型プロジェクトに中長期資金を供給する。2000年代後半から、中国のシンジケート・ローン市場の規模は急拡大し、リーマンショック後も伸び続け、2011年末には銀行貸出の約1割近くにまで成長した。

不良債権問題で邦銀がアジア地域から撤退した際には、欧米系が攻勢を強め、邦銀が抜けた分の資金ニーズを代替したが、リーマンショック後には立場が逆転し、欧米系の抜けた分を埋めるべく、邦銀は海外向け融資で攻勢を強めた。

邦銀は、日本国内の低収益環境をカバーするため、海外融資の拡大、とりわけアジア向け融資の拡大を経営戦略とした。3メガバンクの海外融資残高は、2007年から2016年の10年間で、貸付残高が約3倍の80兆円近くに達し、貸出収入に占める海外収益比率も20％程度から40％程度にまで上昇した。海外収益に占めるアジア地域の割合も3～4割まで上昇し、非日系融資のシェアも過半となるまで伸びた。

こうしたなかで、資金需要が伸び続けている中国でも、邦銀は営業攻勢を強めた。シンジケートの中心になってローンを組成する金融機関を「アレンジャー」というが、リーマンショック後、邦銀はアレンジャー役の実績を大幅に伸ばした。中国国有銀行や中華圏に強い一部外資系銀行を除けば、邦銀は多くの欧州系銀行を追い抜き、アレンジャー件数が最も多い外資系銀行になっていた。

こうした環境変化により、日系企業支援以外に邦銀が強みを発揮できる機会が巡ってきた。3メガバンクは、もともと日中2国間のみならず、米国、欧州、東南アジアなどに広範なグローバルネットワークを有している。中国政府が「走出去」といわれる中国企業の海外進出を強化する姿勢を明確にしたことも加わり、それまで食い込めずにいた中国企業や第三国外資企業も、邦銀の顧客として獲得するチャンスが拡大した。しかも、国際金融ビジネスは邦銀に一日の長があり、競争力の面でも強みをもっていた。

こうして、従来型の日本企業依存のビジネスモデルに徐々に変化が生じてきた。邦銀の中国ビジネスの脱「日本企業依存」が始まっていった。

経営の現地化

この過程で、3メガバンクの中国現地法人で重要なテーマとなったのが「経営の現地化」である。

欧米系の外資銀行では、中国ビジネスのフロントは基本的に現地採用者に任せ、本国出身者はごく少人数で投資管理に専念しているケースが多い。しかし、もともと日系企業が主な顧客だった邦銀の場合は、日本から派遣された日本人幹部が経営実務の中枢を占め、現地採用のローカルスタッフも日本式の人事制度のなかで処遇される場合が多かった。

しかし、中国のローカルスタッフにとっても、日系企業に就職すれば破格の待遇が受けられる時代はすでに終わっていた。中国大手企業や欧米系外資銀行と比べて、実力があっても昇格・昇給が遅い日系銀行に、優秀なローカルスタッフは見切りをつけ始めた。

２０１１年当時の現地報道によれば、マネージャークラスの年収は、欧米企業が約25万元（約４２０万円）、日系企業は約20万元（約３３４万円）だが、中国企業の給与水準が日系企業と同等以上になり、役員・経営者レベルでは日系企業を上回った結果、管理職以上の中国人が中国企業に流れ始めていると伝えている。その当時、筆者が日系銀行幹部に会うと、「長年勤めていた優秀な中国人スタッフが、次々と給料の高い他の外資系や現地大手に転職していく」というのが最大の悩みだった。

中国ビジネス経験が豊富な日本人も増えているが、日本人中心の日本式の運営では限界が生じてきた。また、日本国内の銀行経営環境が厳しくなるなかで、高額な日本人駐在員の人件費コストも経営の負担になりはじめていた。現地採用者の幹部登用をはじめ、考課、昇格、昇給などの人事制度も、中国の現地事情に合わせた大幅な見直しが必要となっていた。さらに日本語が社内公用語であるため、日本語能力を優先して採用が行われてきたが、「日本語縛り」の条件下では、待遇の悪さも手伝って、必要な専門人材は確保できなくなっていた。このため、中国語や英語でのコミュニケーションも進められている。

今後の邦銀の中国ビジネスモデル

中国経済の成長や構造変化に伴い、邦銀も従来型の日系企業中心のビジネスモデルからの脱却・転換を図ってきたが、それでは、今後、邦銀が中国金融市場で競争力を高めていくためには何が必要なのか？

邦銀は、日本国内の低収益をカバーする観点からも、中国を含むアジア地域でのビジネスを大きな収益源に育てたいと考えている。とくに、大手中国企業を対象とした顧客開拓や取引拡大、総合的金融サービスの提供による収益向上は喫緊の課題となっている。

筆者は、外資系のなかで中国の実情に最も精通している邦銀の情報優位性を活かしつつ、規模で勝る中国系銀行が提供困難な高度かつ総合的な金融サービスを提供していけるかどうかがポイントと考える。言い換えれば、中国ビジネスや国際金融における日本の一日の長を最大限活用し、中国の金融ニーズに即した、邦銀でなければ提供できない総合的な金融サービスで勝負する方向性ではないかと考えている。

たとえば、中国企業のグローバルビジネスへの総合的支援である。今後中国企業の国際進出がいっそう進むことが予想される中、事業資金融資や外貨調達などのファイナンス支援はもちろん、コンサルティング、現地ビジネスパートナーとのマッチング支援、国際サプライチェーンの構築支援などのニーズも拡大してくると予想される。とくに日本への進出については、邦銀が最も強みを発揮できる分野ではないだろうか。これまで邦銀は、シンジケート・ローン等を通じて中国企業との取引を徐々に拡大してきたが、国際進出を図る中国企業への総合的ソリューションの提供を通じて、中国企業の顧客基盤拡大と自らの収益向上を図ることが期待される。

また、邦銀にとって日系企業の中国ビジネス支援は引き続き重要な使命であり、日系企業の高度化する金融ニーズに対応し、収益につなげていく必要がある。従来からの人民元資金の供給や決済サービスなどの伝統的金融サービスにとどまらず、現地パートナーとの提携仲介や、債券等による人民元資金調達の支援（次節で後述）など、日系企業の中国ビジネス拡大に向けた総合的支援の提供もニーズは高いと考えられる。

邦銀には、母国日本や世界中に張り巡らされた稠密なネットワーク、国際金融に関する豊富な経験やノウハウ、先進的なリスク管理などのアドバンテージがあり、中国市場においても、それらを戦略的に活用していくことが今後いっそう求められるだろう。そのためには、経営の現地化をさらに進め、中国側のよいビジネスパートナーを得て、中国市場における邦銀の営業力を強化していかなければならないと考える。

第四節　急成長する中国債券ビジネス

日本と肩を並べた中国債券市場

中国の債券市場は、2000年代初頭にはわずか数十兆円程度の小規模市場でしかなかったが、この20年間で著しい成長を遂げ、とくに2010年代に入ってからは加速度的に成長し、2010年からのわずか8年間で4倍超に膨らんだ。

BISの国際比較調査によれば、その市場規模（2018年第3四半期）は約12・4兆ドル（約1370兆円）に達し、世界第3位となっている。すでに第2位の日本（12・6兆ドル）に肉迫しており、近い将来、米国（40・7兆ドル）に次ぐ世界第2の債券市場となることが見込まれている。【図表2－4－1】

中国債券市場の構造は、国債中心の日本とは大きく異なる。中国は財政赤字をGDPの3

図表2-4-1　債券市場規模の国際比較（2018年現在）

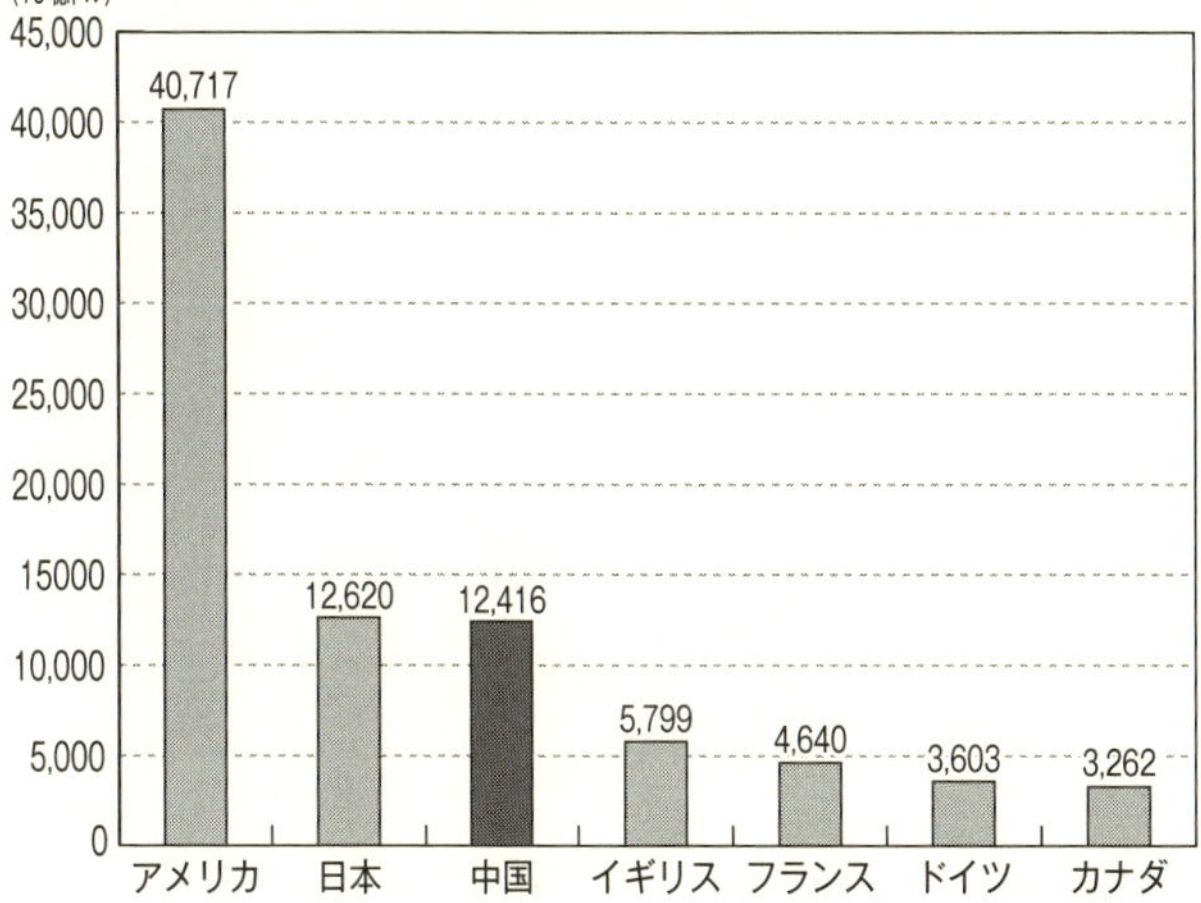

出典：BIS

%以下とすることを基本としており、国債の発行残高自体が少ないため、債券市場に占める国債のシェア（２０１８年）は約18％にすぎない。むしろ近年の地方債解禁により、すでに地方債のシェア（約24％）が国債を上回っている。

　中国債券市場の中心は、金融機関債（シェア約39％）と社債（同約19％）であり、いずれも広義の社債である。金融機関債は、金融機関が発行するいわゆる金融債に加え、譲渡性預金（ＮＣＤ）、資産担保証券（ＡＢＳ）等が含まれる。社債は非金融企業が発行する債券で、短中期資金を調達するためのコマーシャルペーパー（期間1年以内の短期社債、ＣＰ）、ミディアムタームノート（期間2年超の

図表2-4-2　外国人投資家の中国債券保有動向

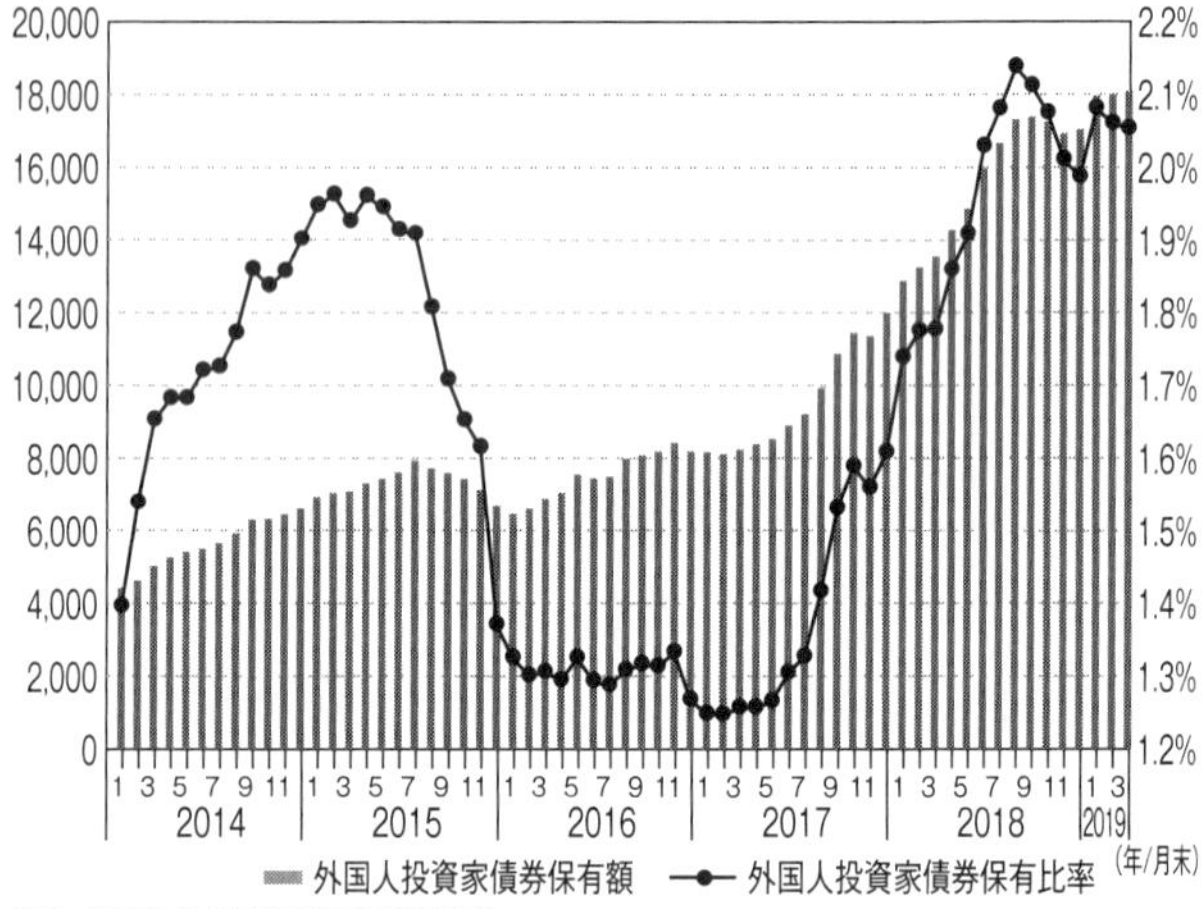

出典：野村資本市場研究所北京事務所

中期社債、ＭＴＮ）等が含まれる。広義の社債（非公共債）の領域だけ見れば、中国の市場規模は日本の3倍超（２０１６年時点）に達し、アジア最大の債券市場国となっている。

　こうした債券市場の特性もあり、中国債券の発行や取引は、9割近くが銀行間市場（インターバンク市場）を中心に行われており、証券取引所における上場債券はきわめて限定的な存在となっている。この銀行間市場は、中国の主要な銀行や金融機関から構成される自主規制団体「中国銀行間市場交易商協会」（ＮＡＦＭＩＩ）により運営される仕組みとなっており、メンバーへの各種業務ライセンスの付与権限も保有している。しかし、実態は中央銀行である中国人民銀行金融市場司の管轄下にあり、金融調節の重要なチャネルにもなっている。

「銀行間市場」の名前が示すとおり、取引量を投資家別に見ると、約6～7割が銀行、約3割が資産管理会社となっており、海外投資家はごくわずか（2％）だ。【図表2－4－2】

このように、中国の債券ビジネスは銀行が主要プレーヤーであり、投資家として流通市場（セカンダリー市場）に参加しているのみならず、発行市場（プライマリー市場）において社債引受業務や決済業務等も行っている。このため、銀行にとって債券業務は、貸付業務や市場業務と並ぶ重要な収益源となっており、今後の債券市場の更なる成長を見据え、経営戦略上も重要な分野となっている。

中国債券ビジネスの戦略的重要性

従来の中国債券市場は、中国国内の金融機関や企業のための閉じられたローカルマーケットでしかなく、厳しい資本規制もあって、外資系の金融機関や企業は非常に限定的な存在でしかなかった。

しかし、中国の金融対外開放が本格化するなかで、外資系金融機関は中国債券ビジネスへの参入に強い意欲を持ち始めた。日本のメガバンクも、中国債券ビジネスの拡大を中国ビジネスの最重要課題に掲げている。日本以外でも、とくに欧州系銀行が積極的な事業展開を開始している。

第1の理由は、中国ビジネスを行っている外資系企業のなかで、人民元調達手段の多様化の手段として、中国債券市場での社債発行ニーズが高まっていることが挙げられる。日系企業についても、中国ビジネスの拡大に伴い、発行ニーズは着実に高まっている。

従来は、本国からの資本持込みや親子ローン、銀行融資が主な人民元調達手段であったが、急拡大する巨額の事業資金調達の確保、調達手段の多様化・安定化、調達コストの軽減、資本規制リスク等への防衛などが主な理由と考えられる。

日本の3メガバンクを含むグローバル銀行としても、顧客企業の資金ニーズに応えるため、伝統的な融資や為替の取引に加え、総合的な金融サービスを提供し、社債引受業務、決済業務、財務コンサルティング業務等に関わる手数料収入を新たな収益機会として育てていきたい思惑がある。

第2の理由は、中国債券市場へのアクセス改善や、中国債券の国際投資インデックスへの組入れ拡大等の動きによって、海外の機関投資家のなかで、中国債券市場での運用ニーズが高まっていることが挙げられる。

海外から中国債券市場へのアクセスは、２０１０年に適格海外機関投資家の対中証券投資枠制度（ＱＦＩＩ）での中国銀行間市場への投資解禁でスタートし、２０１１年には人民元による対中証券投資枠（ＲＱＦＩＩ）での投資解禁、２０１７年のボンドコネクト（外国人投資家も香港経由で中国本土の人民元建て債券を取引できる制度）の導入など、時間をかけて徐々に改善されてきたが、未だに海外投資家はわずかだ。

この状況に変化が生じ始めたのが、中国が金融対外開放を宣言した２０１８年だった。海外投資家向けに中国銀行間市場へのアクセス手続きが公表され、決済ルールや税制の仕組みも整備された。これに歩調を合わせるように、世界の機関投資家が投資ベンチマークとしている主要な債券投資インデックスに、中国債券の組入れや組入比率拡大等の動きが本格化していった。２０１７年のブルームバーグやシティグループの国際債券投資インデックスを皮切りに、２０１９年にはブルームバーグ・バークレイズのインデックスにも中国債券が導入された。中国債券の組入れ比率はインデックスにより異なるが、ポートフォリオの５～10％程度を中国債券が占めるようになり、インデックス組入れに伴う買い需要を誘発した。

また、世界的な低金利が続くなか、中国債券の高い利回りにも注目が集まり始めた。２０

図表2-4-3　中国債券の利回り

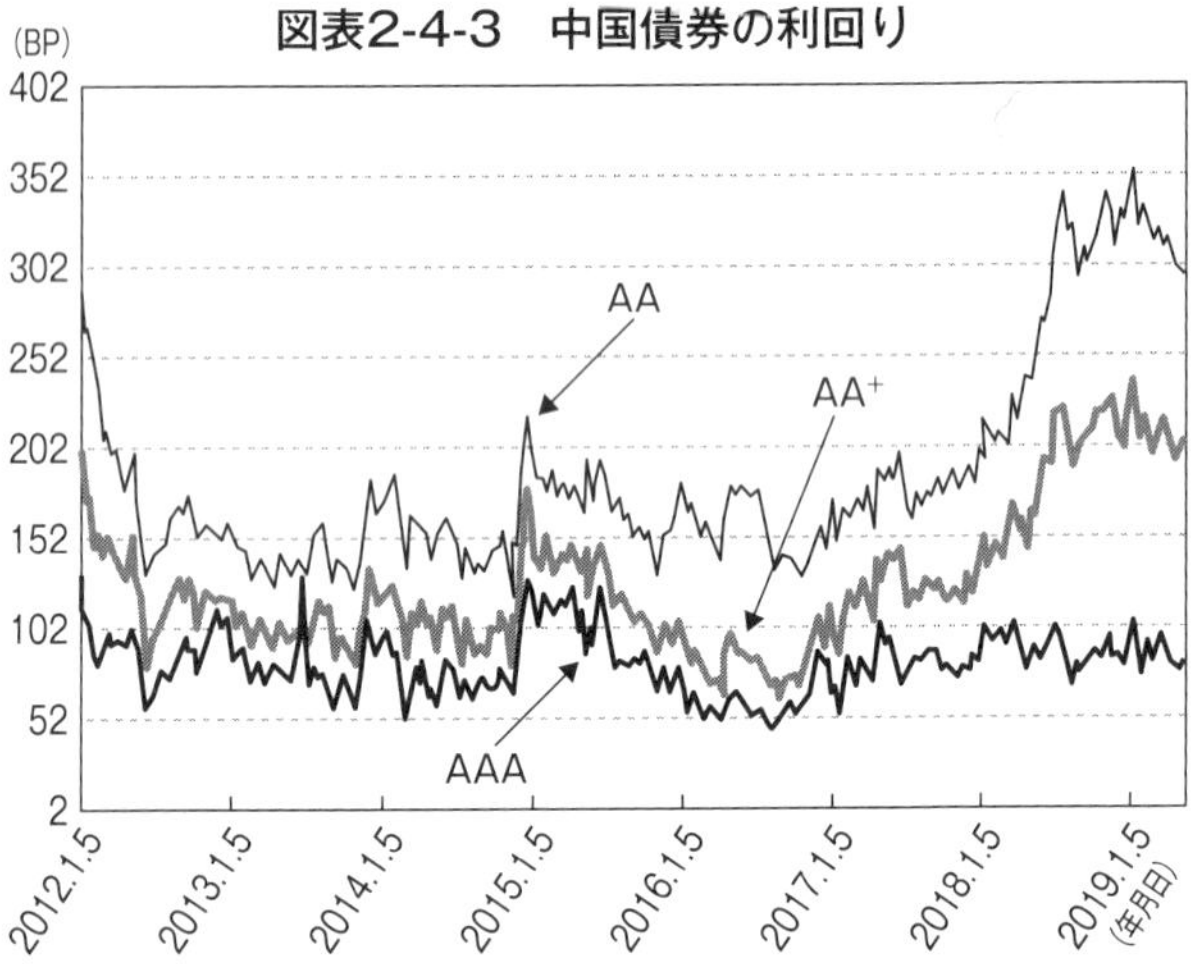

出典：Wind

１９年５月頃の国債（期間10年）利回りで比較すると、日本や欧州はマイナス金利、米国も２％程度に低下してきているなか、中国は３％台前半で推移している。政策銀行の中国開発銀行債10年、ＡＡＡ企業の10年債券の利回りは国債を大きく上回り、４％超の利回りも存在している。中国国債の信用格付けは、Ｓ＆Ｐの自国長期債務格付でＡ＋と日本と同様であり、中国固有のさまざまなリスクを考慮しても、海外投資家にとってなお魅力的なクーポン水準といえる。**【図表２-４-３】**

中国自身が対外金融開放や直接金融比率向上を推進するなかで、これまで主要国の多くの機関投資家にとって未開の領域であった中国債券は徐々に認知度を高め、具体的な投資対象として本格的に検討される段階となっている。その際、グローバル金融機関にとって、機関投資家の中国債券市場へのアクセスを総合的にサポートするビジネスは、新しい大きな収益源として期待が大きい。グローバル金融機関は、グループ傘下に銀行、証券会社、アセット・マネージメント会社等をもち、取引仲介、為替決済、資金運用、投資アドバイザリー等の総合的な金融サービス提供が可能である。また、金融機関自身が機関投資家の立場で、中国債券市場での資金運用を真剣に検討する段階にも来ている。

このように、中国債券ビジネスは、グローバル金融機関にとって経営戦略上きわめて重要な分野となっている。中国債券市場をめぐっては、すでに激しい国際競争が展開されており、日本として出遅れるわけにはいかない。

メガバンクが狙う中国債券ビジネス

中国債券ビジネスの拡大は、邦銀にとっても中国金融市場における競争力強化のためにきわめて重要である。現在、日本のメガバンクの中国現地法人にとって大きな経営課題となっているのが、中国債券ビジネスへの本格参入だ。

日本国内では、金融商品取引法に基づき、公募債券の引受業務や売買仲介業務は証券会社のみが可能な業務となっているが、中国の場合は商業銀行も可能となっている。このため、メガバンクの中国現地法人は、ライセンスさえ取得すれば、債券の発行市場（プライマリー市場）を含めた総合的金融ビジネスを展開することが可能になる。

現在の中国の仕組みの下では、中国本土でビジネスを展開している外資系企業が、人民元を直接市場から調達しようとする場合には、ＣＰやＭＴＮの発行が現実的な選択肢となる。日系企業では、三菱商事の中国現地法人が２０１２年にＣＰを発行し、その後も継続的に発行している。こうした社債による人民元調達は、商社、製造業、リース業等を中心に潜在的なニーズがあると見込まれる。

邦銀にとって、もし日系企業が発行するＣＰ／ＭＴＮに関する引受業務や売買仲介業務を担うことができれば、従来の融資や為替中心の商業銀行機能に加えて、資本市場に関連する投資銀行機能が追加され、手数料等の魅力的な収益源を確保できる。顧客企業に対する財務戦略支援の選択肢も広がり、国際競争力の向上にもつながる。

日本全体にとっても、日系企業の中国ビジネス支援や対中証券投資のアクセス改善等のメリットがあり、中国にとっても、直接金融の拡大、金融の対外開放推進、国有企業の構造改革促進等のメリットがあり、日中両国にとって大きな意義をもつ。

問題は、こうしたCP／MTNの引受業務や売買仲介業務について、中国側のライセンスを得る必要があることだ。とくに引受業務については、自主規制機関の中国銀行間市場交易商協会（NAFMII）が権限をもっている。その主要メンバーである中国の現地金融機関にとっては、外資参入は債券ビジネスの既得権に影響を与えかねない話になる。中国政府は金融の対外開放を大方針とはしているものの、現場レベルの議論になると慎重な態度が見え隠れする。

こうした中国債券ビジネスに関わる業務ライセンスは、邦銀のみならず、欧米主要国のグローバル金融機関も当然狙っている。自国政府と連携を図り、政府間のハイレベル外交のチャネルも活用して、中国側にライセンス付与を迫っている。

外資系のなかで最初に債券ライセンスを獲得したのは、香港を通じて中国と縁が深い英HSBCだった。2011年の第3回英中経済・金融対話を受けて、CP／MTNの引受資格を獲得した。その4年後の2015年、やはり香港を通じて中国と縁が深い英スタンダード・チャータード銀行（SCB）が、第9回英中経済・金融対話を受けて、同引受資格を得た。これら2行は、つねに外資系のなかでも特別な存在であり、ライセンス付与で先行する場合が多い。

２０１７年以降になると、米国勢や他の欧州勢も攻勢を強めた。２０１７年5月、トランプ政権発足後に米中貿易不均衡の是正を目的に合意された「１００日計画」のなかで、シティグループとＪＰモルガン銀行の米系金融機関2社に対する債券の引受・決済業務のライセンス付与が合意された。さらには、信用格付サービスの１００％外資への開放も認められ、Ｓ＆Ｐが中国参入を果たした。同計画骨子を見ると、この2つの合意事項が冒頭に列挙されている。この当時、米国が中国債券市場へのアクセスをいかに重要視していたかが読み取れる。

仏独勢も続いた。２０１７年12月、第5回仏中経済・金融対話において「仏中金融行動計画」を発表し、ＢＮＰパリバに引受資格が付与された。その半年後の２０１８年7月には、ドイツ銀行が、政府間対話を受けて同引受資格を獲得している。

日本勢も負けてはいられない。中国の政策銀行や自動車金融会社が発行する金融債の分野では、邦銀は欧米勢に大きく先行している。また、邦銀の財務指標や中国資本市場での経験・実績は、欧米金融機関にまったく引けをとらない。２０１８年に入って日中の首脳往来や閣僚級の経済対話も再開しており、政府レベルでもあらゆる機会を通じて、邦銀への債券業務ライセンス付与を繰り返し要請してきている。残念ながら、執筆時点（２０１９年6月末時点）においては実現に至っていないが、中国側が前向きに検討を進めている手応えは感じており、近い将来の実現を強く期待している。

官民連携によって邦銀のライセンス取得を実現することで、邦銀の中国ビジネスのみならず、中国で事業展開する日系企業の事業環境の改善に貢献していきたい。

日本が先行するパンダ債ビジネス

邦銀の中国債券ビジネスの関係で、もう一つ重要なキーワードが「パンダ債」だ。とても可愛らしいネーミングだが、「中国本土で非居住者が発行する人民元建て債券」を意味し、日本企業を含む外国企業が中国本土で人民元を調達するために発行する人民元建て債券だ。日本の「サムライ債」や韓国の「キムチ債」に相当する。

パンダ債を発行する企業の最大メリットは、信用力が低い中国子会社が資金調達を行うよりも、信用力が高い本国の親会社がパンダ債を発行して調達したほうが、グループ全体としての資金調達コストを低減でき、為替リスクも回避できる点だ。

また、中国にはいまだに厳しい資本規制が残っており、マクロ経済コントロールの名の下に金融環境が大きく変動するリスクが高く、中国子会社が安定的に資金調達を行うことが困難な場合も多い。2015年のチャイナショック時には、日本の親会社と中国子会社の間で資金融通を行う「親子ローン」ですら、資本逃避（キャピタルフライト）の規制強化によって、親会社への回金が困難になったこともあった。長い取引関係をもつメインバンクといえども、中国側の事情で融資が突如制限されるリスクもある。企業が人民元の調達方法を多様化する手段としてもパンダ債は有効だ。

中国に進出している外資系企業の潜在的ニーズが大きい資金調達手段だが、関連の制度整備が途上にあり、現時点ではまだパイロット段階を出ていない。他方で、中国政府は、人民元国際化や金融対外開放を進める手段として強力に推進していこうとしている。

2015年夏以降、中国銀行（香港）、HSBC（香港）、スタンダード・チャータード銀行（香港）といった、中国と縁の深い銀行の香港法人を皮切りに、韓国、カナダ・ブリティッシュ・コロンビア州、ポーランドなどの外国政府や、世界銀行グループの国際金融公社（IFC）、アジア開発銀行（ADB）等の国際金融機関の発行が相次いだ。

じつは、日本は日中金融協力やアジア債券市場の発展の観点から、以前からパンダ債の将来性に着目してきた。筆者が北京に駐在していた2011年12月、野田佳彦総理（当時）と温家宝総理（当時）の日中金融協力に関する合意事項のなかには、日本の国際協力銀行（J

BIC）によるパイロットプログラムとしてのパンダ債発行が含まれている。将来の日本企業によるパンダ債発行に向けた環境整備として、パンダ債市場のベンチマーク形成を狙ったものだったが、その後の日中関係の悪化等により実現には至らなかった。また当時から、中国会計基準での財務諸表作成や、中国語によるディスクロージャー資料の作成等が実務的な障害として指摘されていた。

それから約6年後の2018年1月、日本のメガバンク2行（みずほ銀行と三菱東京UFJ銀行、当時）が、日本企業として初のパンダ債発行を実現した。中国ビジネスで特例扱いを受けることが多いHSBCとSCBを除けば、ライバル関係にある欧米の主要金融機関に先行する実績であり、日本から中国債券市場へのアクセスを開拓する大きなステップだった。

この実現の前提には、パンダ債発行の実務上の障害となっていた、「中国会計基準による財務諸表の作成」という条件の克服が必要であった。中国側は、自国投資家の保護の観点から、一貫してこの条件に強くこだわっていた。パンダ債を発行した外資系銀行や国際機関は、こうした条件をクリアまたは免除されていたが、日本企業が同様の条件を満たすことはコストや実務体制の面で無理があった。

しかし、そのまま膠着状態が続いて暗礁に乗り上げた場合、パンダ債の発行ニーズを抱え

パンダ債に関する監査監督に係る書簡交換式（2017年12月、北京）

る日系企業のためにも、中国ビジネスで国際競争力向上をめざす邦銀のためにも、金融の対外開放をめざす中国自身のためにもならない。

そこで、会計基準や企業監査制度を所管する日本の金融庁と中国の財政部が交渉を行い、現実的な解決策を探ることとした。その結果、まず財務諸表については、日中間の会計基準や監査基準の差異を開示資料のなかで注記することで、日本会計基準の財務諸表を使用することが認められた。

また、パンダ債を発行する企業を外部監査する監査法人の「監査の品質」が適切かどうか、当局間でその監督情報を交換できる枠組みを構築した。万が一発行体がデフォルトした場合に備えて、日中両国の政府が連携して、必要に応じて監査の品質を相互チェックできるようにすることで、発行体の財務諸表の信頼性を確保し、自国投資家の保護を図ることとした。中国側が現実路線できわめて柔軟に対応してくれたことは幸運だった。

２０１７年12月、北京において、金融庁と中国財政部のあいだで合意の式典が行われた。日本からは越智隆雄・内閣府副大臣（金融担当、当時）、中国財政部からは史耀斌副部長（当時）が出席し、両国金融関係者も参列して盛大に行われた。

この合意により、日本企業による初めてのパンダ債発行の目途がつき、翌月にはメガバンク2行による発行実現につながった。邦銀自らがパンダ債発行を経験することにより知見やノウハウが蓄積され、パンダ債発行を検討する海外会社への財務アドバイザー等のビジネスにもつながってくる。実際、三菱東京ＵＦＪ銀行（当時）はその後、産業ガス大手の仏エア・リキード社発行のパンダ債発行のアドバイザーを務めている。

今後、日系企業についても、自動車、ＩＴ、小売り、エネルギー、不動産開発等の分野において、中国本土における大規模な設備投資や研究開発拠点の整備等が見込まれる。その際、パンダ債が人民元資金の調達手段として定着し、邦銀による発行引受や決済業務が可能になれば、これはオールジャパンとして非常に好ましい経済効果を産出する。

米中貿易戦争の影響で米国勢の動きが止まるなか、２０１８年12月には仏ＢＮＰパリバがパンダ債発行の引受ライセンスを取得した。パンダ債引受資格は、前述したＣＰ／ＭＴＮの引受資格を獲得した後の次なる重要課題だ。日本も、官民が緊密に連携して、パンダ債を含む中国債券ビジネスに必要な環境を早急に整備していかなければならないと考えている。

●第三章●

なぜ日中金融協力が必要なのか？

——未来を展望して

第一節　中国の成長の果実を日本に

活発なモノとヒトの流れ

日中の経済関係は、モノとヒトの流れは活発だが、カネ（金融）の流れが極端に少ないという特徴がある。こうした構造は、日米の経済関係と比較するとわかりやすい。米国と中国は、いずれも日本の経済パートナーとしてとくに重要な存在であるが、モノやヒトの流れについては、全体として中国が米国を上回っている。

まず、モノ（貿易）について見てみよう。日本の貿易相手国としては、中国が首位で、米国は第2位となっている。輸出入総額（2018年）は、対中国が約35兆円（シェア21％）、対米国が約24兆円（シェア15％）であり、金額・シェアとも中国が米国を大きく上回っている。なお、輸出と輸入を分解すると、輸出では中国が米国を若干上回り、輸入では中国が米国の2倍以上の規模となっている。

次に、ヒトについて見てみよう。インバウンドの訪日外国人客数（2018年）約311

9万人のうち、中国は838万人で国別トップである。国別シェアでは全体の4分の1超を占め、しかも前年比2ケタ増の高い伸びを示している。日中関係が悪化した2013年は131万人だったが、5年間で6倍以上に増加しており、インバウンド観光需要の伸び全体を支えている。

旅行客1人当たりの消費額（2017年）も23万円と国別トップとなっており、外国人旅行客の消費額全体の約4割を占めている。ちなみに、米国の訪日者数は153万人となっており、2ケタ増の高い伸びを示しているものの、旅行者数は中国の約2割弱である。アウトバウンドについては、米国が首位で300万人台後半（うちハワイが150万人程度）、中国は第2位であり、200万人台後半で推移している。

日本在留外国人264万人（2018年6月末）を見ると、中国が74万人で194カ国中トップであり、国別シェアは約3割を占める。最近では、西川口など新たなチャイナタウンも生まれている。他方、外国在留邦人135万人（2017年）を見ると、米国が約43万人、シェア32％でトップ。中国は約12万人でシェア約9％の第2位となっている。

日本への留学生約30万人（2018年）では、中国が約11・5万人で国別トップ、国別シェア約3割強となっている。日本からの留学（2017年度）では、米国が約2万人でトップ、中国は第4位の約7000人となっている。
このように、インバウンドの外国人観光客、在留外国人、日本への留学生のいずれについても、中国は全体の約3割を占める最大勢力であり、またアウトバウンドについても、中国は国別上位にランクインしている。モノとヒトの流れについて、日中両国の関係が深いことは明らかだ。

極端に少ない金融の流れ

これだけモノやヒトの流れが活発な日中経済関係だが、カネ（金融）の流れについては、証券投資残高（資産・負債の合計額）で見ると、対中国は対米国のわずか16％程度にすぎない。【図表3－1－1】
まず、金融のアウトバウンド、日本から中国に対する証券投資残高（2018年）は約2・5兆円にすぎない。対米国の約168兆円と比べて、わずか1・5％の規模しかない。対米証券投資の内訳を見てみると、債券が114兆円、株式や投資ファンド持分が54兆円となっている。日本の機関投資家や個人投資家のあいだで、米国債（トレジャリー・ボンド）をはじめとする米国債券や米国株式は、最も馴染み深い海外金融商品の一つであろう。他方

図表3-1-1　日米中の経済関係（2018年末時点）

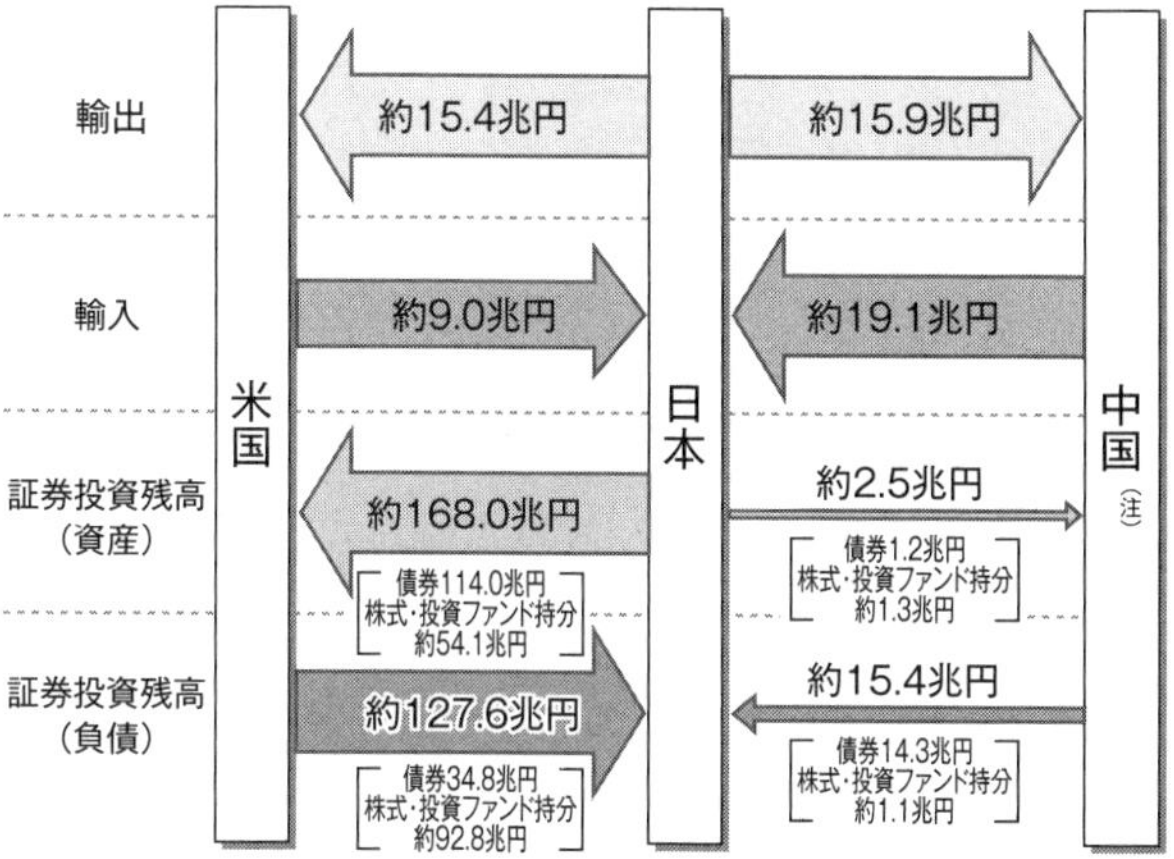

注：香港、台湾を除く
出典：財務省「貿易統計」、「本邦対外資産負債残高」より作成

で、中国の債券や株式については、一部の個人投資家のあいだで根強い人気があるものの、多くの日本の機関投資家にとって運用対象とは見なされていないのが現状だ。

金融のインバウンドについても、アウトバウンドほど極端ではないが似たような状況だ。

中国から日本への証券投資残高は約15・4兆円。米国から日本への投資残高（約１２７・６兆円）の約１割程度の規模にすぎない。GDPで世界第2位となり、チャイナマネーによる派手な海外投資がよく話題となるが、日本への証券投資は非常に限定的といえる。

中国の対日証券投資のほとんどが債券であるが、これは中国が外貨準備運用で日本国債

（ＪＧＢ）を買っているからだ。中国の３兆ドル（約３３０兆円）を超える莫大な外貨準備についても、中国人民銀行の外局である国家外貨管理局が運用を担っている。その運用スタンスは基本的に受動的（パッシブ）であり、通貨バスケット的なポートフォリオの考えに基づき、日本国債などの日本円建て安全資産に、つねに一定比率の投資資金を振り向けている。

日本の株式や投資ファンド口に対する投資残高は、米国が約92・８兆円に対し、中国はわずか約１・１兆円である。２０１９年前半の東証の売買における外国人比率は７割程度に達しており、米国の投資家は日本の株式市場の主要プレーヤーとなっているが、中国の投資家の存在感はほとんどない。

かつて、中国のソブリンファンド（政府資金を海外投資等で積極的に運用する投資会社）の中国投資公司（ＣＩＣ）などが、香港のファンド等を通じて日本の上場株式を大量取得したことが一時話題になったことがあったが、現状ではきわめて限定的であることがわかる。実際には香港経由の資金の流れがあることにも留意が必要だが、そもそも香港からの対日証券投資（株式等）も数兆円規模でしかない。

日本にとって、モノやヒトの面では、いまや米国を超えるほどの存在となった中国だが、金融の面では、アンバランスなほど極端に関係が細いのが現状だ。

図表3-1-2　日本から海外への証券投資残高国別ランキング（2018年）

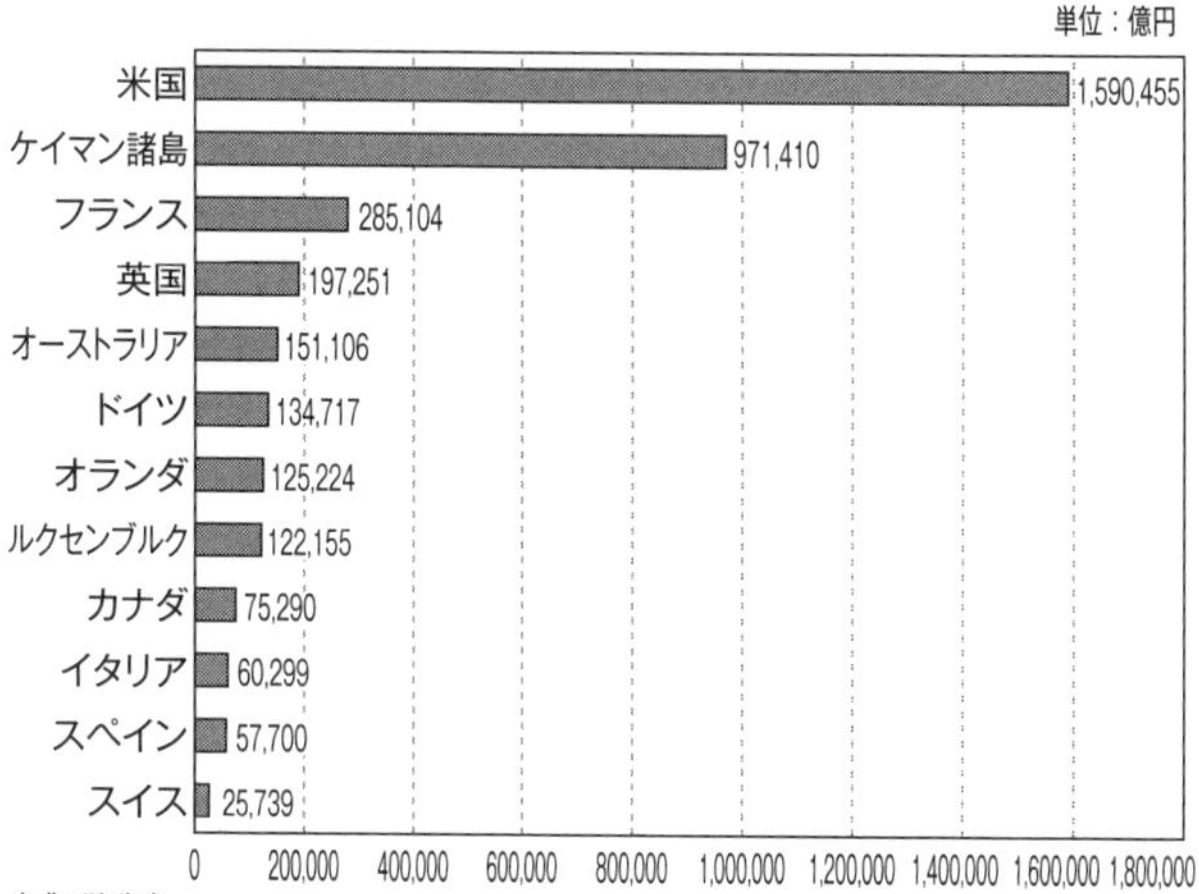

出典：財務省

慎重な日本の機関投資家

日中間でこれだけ実体経済の関係が深まっていながら、金融の流れが極端に細い理由は、中国の厳格な資本規制、国際通貨として安全性・利便性に欠ける人民元、不透明な税制など、中国の国際金融制度に起因する部分が大きい。他方で、日本の機関投資家の過度に保守的な投資姿勢も関係しているのではないか、と考えている。【図表3-1-2】

日本の機関投資家にヒアリングすると、中国の投資環境が未整備であることに加え、政治・外交のリスク、運用経験や中国金融専門家の不足等から、本格的な投資判断に至らないという答えが多く返ってくる。ストレートにいえば、「よくわからないし、リスクが高そうだし、社内の稟議も通らないので、そんな危ないものには手を付けたくありません」というのが本音ではないかと思う。

ところが、日本国内で機関投資家向けに中国セミナー等が開催されると、大変盛況であることに驚く。筆者も中国経済に関する講演を依頼され、中国経済の現状や日中金融協力の取り組みなどをご紹介する機会も多いが、日本国内でも、対中証券投資への関心や証券投資ニーズは着実に高まっていることを実感する。しかし、多くは調査や研究段階の域を出ず、対中証券投資を本格的に開始した国内機関投資家の話はあまり聞いたことがない。

また、中国からの対日証券投資については、中国側から、中国国内に投資する場合に比べて対日証券投資のリターンはあまりに低く、投資する魅力に乏しいとの声をよく聞く。

このように、足下ではお互いまだまだ二の足を踏んでいる日中の金融関係だが、対中証券投資への潜在的ニーズは大きいと考えている。現在の対中証券投資残高の絶対額は決して大きくないが、2017年は対前年比で4割以上の増加率を示している。制度面を含めた投資環境の整備が進み、日中相互の金融市場へのアクセスが改善されれば、潜在ニーズが顕在化し、実体経済の関係に見合ったものに本格的に発展していくものと考えられる。現在はいわば過渡期にあるが、次のステージへの準備段階にあると言える。

拡大する外国人の対中証券投資

世界の投資家は、対中証券投資をどのように考えているのだろうか。じつは、中国の債券や株式に対する外国人投資は増加している。

なぜなら、中国の債券や株式は、外国人投資家にとっても非常に魅力的だからだ。世界的に超低金利が進行するなか、中国の10年物国債のクーポンが3％を超えるなど、依然高いリターンが期待できる。前述した２０１８年1月に、みずほ銀行と三菱東京ＵＦＪ銀行（当時）が中国で初めて発行したパンダ債は、期間3年物または5年物で5％を上回るクーポンであった。中国証券投資の実績がない日本国内の投資家のあいだでも、この破格の発行条件は大きな話題になったと聞いている。

株式についても、大手国有企業など国際的知名度の高い優良企業（ブルーチップ企業）や、上場予備群のユニコーン企業なども数多い。その圧倒的な成長性や高いリターン、他の新興国と比較すれば安定している為替相場、世界一の外貨準備を保有する債務デフォルトリスクの低さなどを考えれば、政治リスクなど中国固有のリスクはあるものの、総合的に見て投資対象になりうると考える投資家も数多い。

近年、外国人投資家であっても、香港経由で中国本土の株式や債券に投資する「ストックコネクト」や「ボンドコネクト」の仕組みが整備された。外国人投資家は香港を通じて、上海や深圳に上場する株式を取引きしたり、中国銀行間市場で中国債券を取引することが可能となった。厳密にいえば中国本土市場への直接のアクセスではないものの、ユーザー側の感覚としては、事実上、中国株式や中国債券を自由に取引できるようになっている。

また、世界の機関投資家が投資判断に活用する国際投資インデックスへの中国証券の組入れの動きも本格化している。債券については前述したが、株式についても、2018年6月には、モルガン・スタンレーが「MSCI新興国株指数」等への中国A株の組入れ、2019年6月には、FTSEラッセルの「グローバル株式インデックス・シリーズ」(GEIS)への中国A株組み入れなども進んでいる。こうしたインデックスをベンチマークとして資産運用を行っている機関投資家は、自動的に中国証券を自らの投資ポートフォリオに含めることになる。たとえば、MSCI指数に連動して運用される資産は、世界全体で2兆ドル(約220兆円)近いといわれ、構成比率は0・74%だが、兆円規模の巨額な資金が中国株式市場に流入することになる。

こうした環境変化を受けて、外国人投資家による中国債券への投資残高は、2017年年初には約８０００億元（約13兆円）だったが、翌年６月には約１・６兆元（約27兆円）に倍増している。中国株式への投資残高も、２０１７年当初には約７０００億元（約12兆円）だったが、翌年６月には１・２兆元（約20兆円）とほぼ倍増している。株式や債券の外国人投資家保有比率も２０１７年の１％台前半から２％超に急上昇した。さらに、ドイツなど外貨準備の運用に人民元債券を採用する主要国も出始め、対中証券投資は世界の機関投資家の間で急速に広がりつつある。

中国の金融対外開放を日本の利益に

中国の金融対外開放は、日本を含む外国人投資家に対して、中国の経済成長の果実を取り込む手段を提供し、わが国に大きな利益をもたらすと考えている。

日本から中国への金融の流れ（アウトバウンド）が増えることは、日本の投資家にとって海外投資の選択肢が増え、投資機会が拡大することを意味する。また、投資である以上当然リスクはあるものの、従来はアクセスすることすら困難だった中国の高い投資リターンを享受することが可能となり、国民資産の増大にも寄与する。日中間で資金仲介を担う本邦金融機関も、資金運用や手数料収入等による収益向上に加え、中国ビジネスの業容拡大や国際競争力の向上を図ることが可能となる。

他方、中国から日本への金融の流れ（インバウンド）が増えることは、まさにチャイナマネーを日本の証券市場に取り込むことになり、本邦証券市場の活性化や、日本企業へのリスクマネーの供給拡大等の効果が期待できる。

中国との経済関係の強化については、日本国内にもさまざまな意見があり、立場や好悪によって賛否が大きく分かれることは十分承知している。しかし、今後ますますグローバル化する経済のなかで、日本は中国との共存を図っていかなくてはいけない現実がある。巨大な中国経済の成長性に目をつぶって、その経済的恩恵に預かることができなければ、激しい国際競争のなかで日本自体が競争力を失っていくことにもなりかねない。かつて日本は、中国の改革開放直後の１９８０年代から種を撒き、中国経済の成長にも大きく貢献しながら、貴重な収穫期を失った。その二の舞は避けなくてはいけない。

もちろん情報セキュリティや技術流出等の懸念については、ルール整備や個別対応等を通じて着実に解決を図っていく必要がある。一方で、これだけの実力をもった中国の経済パワーを全否定または過小評価することは、日本経済の将来に大きな負の影響を与えかねない。

したがって、リスクの最小化を図りながら、巨大で成長著しい中国市場からしっかりビジネスチャンスを引き出していくことが日本経済の発展のためにも必要であると考えている。

わが国は、中国経済の活力を主体的・積極的に利用して、その果実を日本に取り込み、日本の経済成長につなげていくことをさらに追求していくべきではないだろうか。

これからも中国経済はさらに大きくなり、金融市場も急速に国際化が進んでいくだろう。そのプロセスにおいて、世界中が中国の成長の果実を自国に取り込もうとすることは間違いない。その際、日本が出遅れることは絶対に避けねばならない。

日中金融協力の強化は、たんなる「日中友好」のために取り組んでいるものではない。将来にわたる日本経済の繁栄の維持が究極的な目標だ。言い換えれば、日本としての国益の追求そのものであり、経済戦略の一環として取り組むべきテーマであると考えている。

第二節　米中貿易戦争と中国金融

金融分野をめぐる米中の食い違い

「米中貿易戦争」といわれる米中間の追加的関税措置の応酬が始まって約1年が経過する

図表3-2-1　米中貿易戦争の経緯

	米国の動向	中国の動向
第一弾（2018年7月）	◆中国からの輸入品818品目（340億ドル相当） ◆制裁関税措置（25%）	◆米国からの輸入品545品目（約340億ドル相当） ◆報復関税措置（25%）
第二弾（同年8月）	◆中国からの輸入品284品目（160億ドル相当） ◆制裁関税措置（25%）	◆米国からの輸入品114品目（160億ドル相当） ◆報復関税措置（25%）
第三弾（同年9月）	◆中国からの輸入品5745品目（2000億ドル相当） ◆追加関税措置（10%） ◆同年12月第三弾の税率引き上げ発動を猶予、米中間で協議開始することを合意	◆米国からの輸入品5207品目（600億ドル相当） ◆報復関税措置（5～10%） ◆同年12月米中間で協議を開始することを合意
第四弾（2019年5月）	◆中国からの輸入品3805品目（3000億ドル相当） ◆制裁関税措置（25%）	◆米国からの輸入品5140品目（600億ドル相当） ◆関税率最大25%に引き上げ

＊2019年6月29日、米中首脳会談で制裁関税第４弾発動を猶予、米中間で通商協議を再開することで合意

出典：野村證券レポートより筆者作成

が、これまでのところ金融分野は主要な論点にはなっていない。まずは、今回の米中対立を簡単に振り返ってみよう。**【図表3-2-1】**

米トランプ大統領は、大統領選挙期間中から中国との貿易不均衡を強く問題視し、２０１７年１月の大統領就任後も、中国の貿易黒字の解消に向けて、首脳会談や２国間の対話メカニズムなどを通じて協議をスタートさせたが、不調に終わった。

２０１８年３月には、米側が対中制裁関税の発動を発表。続いて４月には、米商務省が、中国通信大手のＺＴＥ（中興通訊）がイラン制裁措置に違反したとして、米国内販売禁止と米企業との取引禁止の制裁措置を課す旨を発表し、その後ＺＴＥは事実上の事業停

止状態に陥ったといわれる（その後、６月に制裁解除で合意）。

同年7月、ついに米中貿易戦争の追加関税合戦が始まった。「第1弾」として、米中双方が３４０億ドル相当の輸入品に追加関税措置25％を発動した。

その後、同年8月に「第2弾」（双方が１６０億ドル相当に追加関税措置25％）、同年9月に「第3弾」（米側は２０００億ドル相当に10％、中国側は６００億ドル相当に5～10％）と次第にエスカレートしていった。

同年10月の米財務省の為替報告書では、中国の為替操作国認定が見送られて若干緊張が緩んだが、同年12月には、中国の通信機器最大手ファーウェイ（華為）の創業者の娘で、同社副会長だった孟晩舟氏が、米国の要請に応じてカナダ当局に詐欺容疑で逮捕され、両国の緊張感は一気に高まった。

同時期、アルゼンチンG20の機会に開催された米中首脳会談では、協議継続と「第3弾」の関税率引き上げ（10→25％）の一時見送りが合意された。市場にも米中妥結の楽観的見通しが広がり、世界的に株価は上昇した。

しかし、その後半年弱続いた協議も結局調整がつかず、２０１９年5月には、トランプ大統領が「第3弾」の税率引き上げとともに、「第4弾」（３０００億ドル相当に最大25％）の内容を発表したが、同年6月の大阪G20の機会に合わせて開催された米中首脳会談において、貿易協議の再開と「第4弾」の先送りが合意された。

また、米商務省はファーウェイ（華為）に対する輸出規制を発動する旨公表していたが、米企業による部品販売を認める方針に転じた。問題は拡大かつ複雑化しており、解決に向けた道筋も、今後の先行きも不透明な状態が続いている。

このように、これまでのところ、米中対立のなかでは、為替問題を除き、金融分野がほとんど争点になっていないことがわかる。筆者は、これまで10年以上にわたり米中経済関係をウォッチしてきたが、経済アジェンダのなかでここまで金融分野が目立たないことは初めてであり、トランプ政権の大きな特徴であると考えている。

米中両国は、2006年に「米中戦略経済対話」（SED）をスタートさせて以降、閣僚クラスのハイレベル経済対話を重ねてきた。米中間では、米金融業界が強く要望する「中国の金融市場開放」問題が常に中心的テーマに位置付けられ、外資系金融機関の出資比率引き上げや人民元レートの問題がよく議論された。とくに、盟友関係で知られたゴールドマンサックス出身のヘンリー・ポールソン財務長官と、金融担当の王岐山副首相が議長を務めていた時期は、金融分野が最重要アジェンダとなっていた。

中国は、ＷＴＯ加盟後も金融分野で強い外資規制を維持しており、米側の要求を踏まえて規制を少しずつ緩和して市場開放を進めることで、円滑な対外関係と国内保護の絶妙なバランスを維持しつつ、米国との関係を上手くコントロールしてきた。つまり、これまで金融分野は、米中経済関係の潤滑油の役割を果たしてきた。

中国は、トランプ政権との交渉においても、従来からのパターンに則って、引き続き金融市場開放を米中間の主要アジェンダにしたいと考えていたはずだ。その証拠に、２０１７年11月のトランプ初訪中では、主要成果の一つとして、証券業および生命保険業等の対外開放が準備されていた。翌２０１８年4月のボアオ・フォーラムでも、習近平国家主席自らが、金融の対外開放を国際的にアピールした。従来のパターンであれば、金融市場開放での譲歩によって、米国との関係を軟着陸させることができるはずだった。

しかし、米トランプ政権は、もはや金融分野での少々の譲歩では満足しなかった。むしろ貿易不均衡、情報セキュリティ、知的財産等の問題が最優先アジェンダとなり、金融分野は主要な争点ですらなくなった。

大阪Ｇ20時の米中首脳会談に先立って、その半月前に開催された上海証券取引所の「科創板」開設のセレモニーには、米中交渉の実務責任者である劉鶴副首相が自ら参加し、スピーチで中国資本市場の開放をアピールした。明らかに米国を意識したメッセージであり、中国が依然として、対米交渉のなかで「金融市場開放カード」を活用したい意図が強く表れているが、米国に対する有効なカードとして機能していない。

従来どおり金融対外開放を交渉カードとして最大限活用したかった中国と、それをスルーする米国。金融分野の取扱いをめぐって、米中双方の思惑が大きく食い違っていることは明らかだ。

証券ライセンスをめぐる国家間競争

米中対立がエスカレートするなか、金融関係者のあいだでは、米系証券会社の中国市場参入の取扱いがどうなるかが大きな関心事となっていた。米JPモルガン・チェースが中国で合弁証券会社を新設する動きがあったためだ。

中国がボアオ・フォーラムで国際社会に公約した証券業や生命保険業等の対外開放は、日本や米国を含む主要国が長年切望していた「待望の規制緩和」であり、従前であれば、米系金融機関のライセンスが他国に先行するのが一般的なパターンだった。

しかし、米中対立はこじれ、追加関税合戦にまで発展していた。中国の金融ライセンス付与は、金融監督上の観点のみならず、外交的な観点を含めて総合的な判断で行われる。ライセンスはあくまで金融機関に付与されるものではあるが、国家間の外交関係をも包含した特別な意味合いをもっている。金融当局の審査に加え、党中央や政府全体としての適否の判断があり、二重三重のハードルを越えていかなくてはいけない。

はたして、中国当局が米系金融機関のライセンス申請を受理するのか。審査はどうなるのか。米中対立が深まるなかで、そもそもライセンスが付与される可能性はあるのか。付与するとすれば、そのタイミングはどうなるのか。日系や欧州系とは取り扱いにどのような差をつけるのか。米当局はどう動いてくるか等々。当事者である業界関係者はもちろん、各国政府も中国の動きを注意深く見守っていた。

とくに、中国の金融対外開放の方針を受けて、どの国が先行するかは各国にとって重大な関心事だ。ライセンス取得の早期実現は、自国金融機関の中国での事業展開を有利にするだけでなく、次なる事業拡大の加速化にもつながってくる。さらに証券分野については、中国市場での経験・実績や貢献というフィルターを通じて、中国企業の大型新規上場（ＩＰＯ）の引き受け幹事業務などの大型取引にも影響する。中国大手企業のＩＰＯ、増資、起債等の引き受けや、１００以上も存在する予想時価総額10億ドル（約１１００億円）を超える未上場企業（ユニコーン企業）のＩＰＯなど、具体的なビジネスチャンスにも直結してくる。

筆者の北京駐在時にも、当時「過去最大のＩＰＯ」といわれた中国の大手国有銀行による数兆円規模の国際ＩＰＯがあった。海外販売分の引受は主要国の外資系証券会社が担ったが、その引受幹事団に日系証券会社が入れず、悔しい思いをしたことがあった。

各国政府は、中国との政府チャネルも活用して、自国金融機関の中国ビジネスを積極的にサポートしている。筆者も実務責任者として、日本が他の主要国に遅れを取ることはあってはならず、可能であれば、良好な外交環境も追い風にして他国に先行したい、という思いを強くもっていた。

ただし、ライセンスの判断を行うのはあくまで中国政府だ。中国政府が内部でどのようなことを考え、どのような判断を行うのか、中国側が手の内を明かすことは絶対ないし、外から窺い知ることは困難だ。

日米欧の三つ巴の戦い

中国は、外資系金融機関にとって長年の悲願であった証券業ライセンスを、どういうタイミングで、どの国の金融機関に付与するのか。意思決定に当たっては、中国の指導部まで話が上がり、外交関係も含めた総合的な判断が行われるはずだ。各国の経済外交レースが始まった。

２０１８年4月10日、ボアオ・フォーラムでの習近平演説で、本格的なレースの号砲が鳴った。同28日には、中国証監会が「外商投資証券公司管理弁法」を公布し、証券会社への外資過半出資（51％）の運用が正式に開始された。

これに名乗りを上げたのは、日本の野村ホールディングス、米国のＪＰモルガン・チェース、スイスのＵＢＳグループの3社だった。いつも特例扱いを受けることが多い英国系に加え、仏独系の金融機関にも今回は具体的な動きが見られなかった。また、豪、韓、シンガポールなどにも特段の動きは見られなかった。偶然かもしれないが、日米欧を代表する金融機関同士による三つ巴の構造となった。【図表3-2-2】

野村とＪＰモルガン・チェースの2社は、過半出資する合弁証券会社の「新設」をめざした。他方、ＵＢＳはすでに設立済の合弁証券会社（瑞銀証券）の出資比率を25％弱から51％に引き上げる形をめざした。ＵＢＳ系の瑞銀証券は、もともと特例的に外資の実質的経営支配権が認められており、２０１５年にも、中国事業へのコミットを強化するために持ち分比率を20％から25％弱に上昇させていた。

図表3-2-2　外資系3社の証券ライセンスの流れ

	申請日	申請受理日	承認時期
野村HD（日本）	2018年５月８日	2018年７月３日	2019年３月29日
JPモルガン・チェース（米国）	2018年５月10日	2018年10月12日	2019年３月29日
UBS（スイス）	2018年５月２日	2018年５月２日	2018年11月27日

（注）UBSの場合：2018年11月27日支配権の変更承認、2018年12月11日株主変更手続き完了
出典：筆者作成

新設にせよ、持分引き上げにせよ、いずれも中国証監会の審査を受ける必要があるが、当然新設のほうがハードルは高く、審査期間も長くなることが予想された。

外資系３社の申請の動きは早かった。ボアオ・フォーラムから１カ月も経たない５月２日、まずＵＢＳが申請を行い、同日受理された。続いて、５月８日に野村が、２日後の５月10日にＪＰモルガン・チェースが申請書類を提出した。

中国の仕組みでは、申請書類が「受理」されるかどうかが重要になる。本来は、必要な書類が整えられているか、形式的・事務的なチェックにすぎないはずなのだが、実際には中国当局の意図が反映されることも多く、受

理のタイミングが大幅に遅れることも想定される。受理された旨は中国証監会のホームページに公表されるため、ライバル社の審査の進捗状況を知るための重要情報にもなる。

結局、野村の申請は提出から約2カ月後の7月3日に受理された。他方、JPモルガン・チェースの申請は、受理された旨の公表がないまま夏越えした。その時期は、ちょうど米中の追加関税合戦がどんどんエスカレートしていた時期に重なり、外交関係が大きく影響していることは明らかだった。結局、JPモルガンの申請が受理されたのは、野村から3カ月以上遅れた10月12日だった。前月の追加関税合戦「第3弾」によって打ち止め感が流れ始め、米中間で関係修復に向けた動きが出始めた時期だった。

中国証監会は、申請書類を受理した後の審査期間は「原則180日以内」としていた。ただし、証監会の指示で申請者に宿題が下りている期間はカウントされない運用となっており、宿題の回答を含め、証監会とのやり取りを迅速に進めていくことが重要であった。

同時期、日本政府としても、政府ルートで日系証券会社の中国市場参入の早期実現を繰り返し要請していた。李克強総理の来日に伴う2018年5月9日の日中首脳会談での要請に始まり、8月末に北京で開催された日中財務対話に金融庁も初めて参加し、大臣級会合や中国金融当局トップとの面会の場で直接要請を行った。さらに10月26日、安倍総理訪中に伴う日中首脳会談において「日中証券市場協力」を合意・署名し、その中の1項目としてライセンスの早期付与の実現が盛り込まれた。この間、中国側の反応はいつも前向きであり、幸運にもきわめて順調に進んでいた。あとは、日本が第1号ライセンスを獲得できるかどうかが大きな関心事となっていった。

日本の第1号ライセンス獲得

各社のライセンス申請から約半年、審査期間180日ルールを意識してか、11月末になって中国側からやっと具体的な動きが出てきた。最初は、瑞銀証券への出資比率引き上げを申請したUBSへの承認だった。報道によれば、同社CEOは「今回のステップは中国本土市場に対するわれわれの長期的なコミットメントを明確に示すもの」と喜びのコメントを伝えている。欧州が日米に先行する姿が演出されたが、新設型よりも持分引き上げ型が先行する展開は当初から予想されていたことであった。

日本と米国が申請していた「新設の外資マジョリティ証券会社」のライセンスについては、前述のとおり、申請受理のタイミングは日本のほうが大きく先行していた。180日ルールを踏まえると、日本への付与は2019年の年明けが一つの目安と思われた。中国証監会との協議でも、審査は順調に進んでいるとの感触を得られていたため、事務的なプロセスがほぼ完了し、タイミングを含めて指導部の判断待ちになっていることが窺われた。中国の場合、2月に春節（旧正月）があり、3月には全国人民代表大会（全人代）が開催されることから、その前後は行政機関の動きが格段に悪くなる。そうした事情もあって、1日も早いライセンスの付与が望まれた。

こうしたなか、春節直前の1月下旬、中国から衝撃のニュースが飛び込んでくる。前年に「日中証券市場協力」を首脳合意した際の中国証監会トップであった劉士余氏が急遽解任され、易会満氏に交代するとの人事が発表された。当時解任理由は不明（注：その後5月に規律違反で自首した旨の報道あり）だったが、ハイレベルで信頼関係を構築していた中国側リーダーの交代は、日本側としても大きな痛手だった。

他方、米中外交にも大きな変化が生まれつつあった。2018年12月の米中首脳会談で、貿易協議継続と「第3弾」の関税率引き上げの一時見送りが決定され、翌2019年に入ると対立緩和に向けた協議が本格化した。当初交渉は順調に進み、トランプ大統領が3月1日に予定していた関税引き上げの延期を発表するなど、具体的前進も見られた。まるで米中の交渉の行方を見極めるかのように、ライセンスに関する動きは止まったまま、春節も全人代も過ぎていった。

膠着した状態がやっと動いたのは日本では桜が開花しはじめた3月29日夕方だった。中国証監会が、野村ホールディングスとJPモルガン・チェースへのライセンス付与をホームページで公表した。結果は「日米同時」であった。

米国と同時ではあったが、目標どおり、日本は「初の外資マジョリティ証券の設立」という第1号ライセンスを獲得することができた。改革開放以来40年にわたる悲願であった日系証券会社の中国市場参入が遂に実現した瞬間だった。

空振りに終わった米国への配慮

中国が、対立する米国に対して、日本と同時に第1号ライセンスを付与したのはなぜだろうか。これまでの中国の行動パターンからすれば、対立している国に何らかの恩恵を与えることはまず考えられない。米国への特別な配慮を感じずにはいられなかった。

筆者の個人的推測ではあるが、中国は、当時順調に進んでいた米国との交渉の着地に向けて、米国への特別な配慮として、従来から対米経済交渉の中心的テーマだった金融市場開放の交渉カードを切ったのではないだろうか。

　他方、中国国内への説明の都合上、日本と同時に付与する必要があったと考えられる。米中貿易戦争が決着していない段階で米国の証券会社にライセンスを付与することは、中国国内から大きな批判を浴びるリスクがあったはずだ。そこで日米を同時にすることで、米国への特別配慮の色を薄めるとともに、国内向けには、中国自身の意思で進めている金融対外開放の前進という説明ぶりにして、「米国への弱腰外交」との批判をかわしたかったと考えられる。中国側の立場に立てば、日本、米国、中国国内の全方位を意識した、練りに練った演出であろうことは想像に難くなかった。

　しかし、こうした中国側の米国への配慮は結果的に空振りに終わった。米中間では、その後5月までに10回に及ぶ閣僚・次官級の協議が開催されたが、最終的には決裂に終わった。従来は米中間で主要議題であった金融分野の領域は、トランプ政権下ではスルーされるだけであり、交渉カードとして有効に機能しないことがあらためて確認された形だ。

　中国の金融ライセンスとは、たんなる業務許可証ではなく、外交の要素も絡んだ国家間競争での勝利を示す、「勲章」のような意味合いをもっている。

　いずれ、中国金融市場へのアクセスはライセンスをもらって終わりではない。むしろ、中国事業の成功は、その後の事業展開にかかっている。外資とはいえ、規制色の強い金融業の事業運営には、その時々の経済政策や外交関係などが多分に影響してくる。ライセンスを得ても事業展開の段階で冷遇される懸念もある。

中国をめぐる国際競争はこれからも続く。第1号ライセンス獲得のアドバンテージを、先行有利な事業展開につなげることで、当該金融機関のみならず、日本経済の成長に寄与する形を実現していかなければならない。

第三節 「紅船」は金融にも来るのか？

限定的だった中国系金融機関の日本進出

「チャイナマネー」という言葉が頻繁に使用されるようになってから、もう10年以上になるだろうか。2007年に中国が外貨準備を財源としたソブリン（国家）・ファンド「中国投資有限公司」（ＣＩＣ）を設立した頃から、中国の莫大な資金による海外投資が注目されるようになった。

最近では、革新的な技術やビジネスモデルをもつ中国企業の日本進出を指して、江戸時代末期の「黒船」になぞらえた「紅船」という言葉も聞かれるようになった。中国企業が、その圧倒的な資金力を武器に、日本企業を駆逐し、日本市場を席巻するのではないか、との脅威の意味合いが含まれているように思う。

日本でも、2010年頃、ラオックス、本間ゴルフ、レナウンなどの大手日本企業が中国企業によって次々と買収されたことがあった。また、日本を代表する企業の上位株主に、実体はチャイナマネーと思われる信託投資口やファンドの名前が突如現れ、警戒感が一気に広がった時期もあった。

こうした警戒感は今なお払拭《ふっしょく》されているわけではないが、日本国内においても、台湾企業を含む中華圏企業による日本企業の買収は広く認識されるようになってきたと感じている。2014年の中國信託銀行による東京スター銀行の全株式取得、2015年の上海復星集団による星野リゾート トマムの買収、2016年の鴻海《ホンハイ》によるシャープの経営再建、東芝家電部門の美的集団への売却など、多くの事例が積み重ねられてきた。

こうした経験を経て、「最近では中国企業の名前が出てきても以前ほど驚かなくなった」というのが日本国内の現状ではないだろうか。他方で、中国企業の日本市場参入はまだまだ一部分野に限定されており、中国企業が日本市場を席巻することは現在でも想定されていな

図表3-3-1　日本に進出している中国金融機関一覧

中国銀行 （6支店）	• 東京支店 • 大阪支店 • 横浜支店 • 名古屋支店 • 東京大手町支店 • 神戸支店
中国工商銀行 （2支店、1出張所）	• 東京支店 • 大阪支店 • 池袋出張所
中国建設銀行 （2支店）	• 東京支店 • 大阪支店
交通銀行 （1支店）	• 東京支店
中国農業銀行 （1支店）	• 東京支店

出典：金融庁調べ。2019年6月時点

いと思う。

金融分野についていえば、他の産業分野と比べても、中国系の日本市場参入の動きはきわめて限定的だった。前述の中國信託銀行も台湾最大手の銀行であり、大陸系の金融機関については、特筆すべき大きな案件はほとんどなかったといってよい。

そもそも、中国の金融機関で、日本に営業拠点を保有しているのは大手銀行くらいだ。中国銀行、中国工商銀行、中国建設銀行、中国農業銀行、交通銀行のいわゆる「中国五大銀行」が在日支店を保有しているが、３メガバンクの中国現地法人のような日本現地法人は存在しない。【図表３−３−１】２０１３年に中国農業銀行が東京支店を設立して以降は、中国系銀行の日本市場への新規参入も見られない。また、日本の地域銀行などが中国に駐在員事務所を設置しているが、その逆パターンは執筆時点（2019年6月末）で皆無である。

証券会社や保険会社については、在日支店どころか駐在員事務所もない。証券会社については、中国系証券会社の子会社・関連会社が数社登録されているだけであり、中国国内大手の直接参入は皆無である。また、国営の中国太平保険系列の保険代理会社が、日本保険市場で保険代理業務を営む唯一の中国系として存在しているのみである（2019年6月時点）。

これまで日本進出が少なかった理由

これまで、日本から多くの金融機関が中国市場に参入する一方で、中国から日本市場への参入はきわめて限定的であった。その理由は何なのか。

第1の理由は、日本の金融市場には、もともと中国系金融機関の参入余地がほとんどないうえに、主たる顧客となる中国企業の日本進出が限定的であり、あえて日本に進出するビジネス上のメリットが少なかったことが挙げられる。貸出先のパイが少ないうえ、日本の国内金融市場は低金利が継続し、中国のような高い貸出利ザヤの確保も難しく、収益の柱となる法人融資ビジネスが成り立ちにくい。

第2の理由は、金融業のような規制業種では、日本市場でのビジネス展開に必要な許認可等のハードルが高いことが挙げられる。たとえば、中国の銀行が日本の銀行に出資しようとする場合、銀行法の主要株主規制に基づき、出資比率5％超で金融庁への届出、20％以上で金融庁の認可が必要になる。認可に当たっては、当然ながら出資の目的や出資者として適格性等が審査されることになる。さらに20％以上の出資の場合には、必要に応じ、金融庁は銀行の主要株主に対して立入検査を行うことができる。日本の銀行への出資について、ときどき一般論で質問を受けることがあるが、主要株主規制について説明すると反応が変わることが多い。

第3の理由は、日中関係の悪化である。とくに、両国間の関係が大きく悪化した2012年以降は、それまで順調に発展してきた金融面での協力も事実上棚上げ状態となり、金融機関の相互進出の推進といった過去の合意事項についても、具体的進展を見通せない時期が続いた。こうしたなかで、中国側も日本市場の優先順位を低下させていた面がある。

第4の理由は、日本への中国人観光客の増加等に伴い、中国人旅行者向けの決済サービス等のニーズは高まったものの、そのサービス提供主体はもはや銀行ではなく、銀聯に代表されるクレジットカードや、アリペイ（支付宝）やウィーチャットペイ（微信支付）に代表されるスマホ決済に移行していたことが挙げられる。年間数百万人に上る中国人観光客が来日するものの、中国系の銀行で、外貨両替やATMからの現金引出しなどの個人向け金融サービスを受けたいというニーズは、もはや完全に過去のものになっていた。中国人旅行者向けサービス充実のため中国系銀行が日本に進出する、といった噂が一時期流れたこともあったが、結局具体的な動きにはつながっていない。

総括すると、日本の伝統的な金融市場には、もともと中国系金融機関が新規参入する余地がほとんど存在しない中、日本進出のメリットの少なさとハードルの高さが相まって、参入がほとんど進んでこなかったのが実態である。

「非伝統的な金融分野」をめざす中国系――スマホ決済、暗号資産

日本の銀行、証券、保険といった伝統的な金融機関は、それぞれに成熟した市場と強固な営業基盤を有し、規制の厚い壁もあり、中国系金融機関が新規参入する余地は大きくない。

そのため、現実問題として、中国系にとって参入余地があるのは「非伝統的な金融分野」が中心となる。とくに、新しいテクノロジーを活用したフィンテック分野は、日本市場にお

いても成長余地が大きく、ドミナントな国内大手もまだ存在せず、規制体系も整備途上の場合が多い。そして何より、すでに中国で成功したビジネスモデルを移植しやすい。

代表的には、スマホ決済等の決済ビジネスや、以前は仮想通貨ともいわれた「暗号資産」ビジネスの分野が挙げられる。これらの分野については、中国の大手企業から若いベンチャー企業まで、多くの中国企業が日本市場への参入に強い関心をもっている。

2017年夏、日本の有力紙で「アリババ集団が来春にも日本でスマートフォンを使った電子決済サービスを開始する」旨の報道が流れたことがあった。ユーザー数5億人ともいわれる中国を代表する決済プラットフォームである「アリペイ」（支付宝）が、日本でもスマホ決済サービスを本格開始するとの報道を受け、日本の金融界のあいだにも「いよいよ『紅船』が日本に上陸か」との衝撃が走った。

また、アリペイが日本に上陸するのであれば、中国でライバル関係にあるテンセントのスマホ決済サービス「ウィーチャットペイ」（微信支付）の日本上陸も近い、との観測も広まった。急増する中国人観光客の需要を背景に、これら中国系2社のスマホ決済が瞬く間に日本中に普及するのではないか、との見方もあった。

その報道から約2年が経過したが、現状はそうなってはいない。

図表3-3-2　銀行と送金サービス提供者（資金移動業者）

		銀行	送金サービス提供者（資金移動業者）
参入形式		免許制	登録制
取扱可能な「決済」の範囲		制限なし	1回100万円以下に限る
利用者資金の滞留		制限なし（預金）	制限なし 出資法との関係で送金に関連した資金のみ滞留することとなるが、資金救済法においてその取扱いに関する明文の制約はない
破綻リスクの低減	財務	①最低資本金（20億円） ②自己資本比率基準 ③早期警戒制度・早期是正措置	特になし 「適正かつ確実に遂行するために必要と認められる財産的基礎」
	業務範囲	固有業務・付随業務・他業証券業・法定他業に限定	特になし 他に行う事業が公益に反しないこと
破綻時の対応（利用者資金の保全）		○預金保険料を保護の原資とする預金保険制度（公的セーフティネット） ○原則1,000万円まで（決済債務は全額）保護 ○名寄せの準備義務	供託等義務 ある1週間の最高要履行保証額の金額以上を翌週中に供託（最低1,000万円）

出典：金融庁。2019年6月時点

スマホ決済サービスを日本で提供するには、２０１０年に施行された「資金決済に関する法律」に基づき、「資金移動業者」としての登録を受けなければならない。日本でよく知られている、楽天ペイ、ＬＩＮＥ Ｐａｙ、ペイペイなどの事業者は、いずれも資金移動業者の登録を受けている。その他にも、電子商取引に関わる決済サービス、外国送金の関連サービス等、資金決済業者のビジネスモデルは多様であり、登録業者数は64社となっている（本書執筆中の２０１９年５月末時点）。**【図表３―３―２】**

現段階では、アリペイ、テンセントのいずれも資金決済法上の登録業者とはなっておらず、日本国内居住者向けの決済サービスは提供していない。両社の日本法人も存在するが、アクワイアリング（加盟店獲得）や国内決済業者との連携が業務の中心と聞く。つまり、中国のユーザーが旅行等で来日した際、中国のスマホ決済サービスを日本でも利用できるような環境整備の仕事が中心のようだ。筆者の実感としても、日本のデパートや量販店など、多くの商業施設やレストランで中国スマホ決済が利用可能になっており、この数年で日本での加盟店舗は急速に伸びている。最近では、地方の観光地でも加盟店をよく見かけるようになった。

各社が公表している日本国内加盟店数を見ると、ＬＩＮＥ Ｐａｙの約１３０万店舗、ペイペイの約50万店舗（２０１９年4月末）に対し、アリペイは約30万店を突破（２０１９年初）した状態であり、日本国内業者との提携が加盟店増加のカギを握るといわれている。

また、２０１９年5月には、両社とＮＴＴドコモ、メルカリ、ＬＩＮＥの国内大手3社が、ＱＲコード規格の統一化に向けた取り組みに参画するとの報道があった。

筆者の個人的推測ではあるが、当初想定された日本居住者向けに自前の中国流スマホ決済を普及させていく戦略ではなく、中国人訪日客の利便性向上をメインに、日本国内の加盟店舗基盤を着実に整備しつつ、日本のスマホ決済業者との連携によって、日本市場で認知度や信頼性を徐々に高めていく戦略のように思える。

２０１８年以降に急速に立ち上がった日本のスマホ決済市場であるが、将来的には、中国系企業が日本市場において一定のプレゼンスをもつ可能性もある。

仮に日本で本格的なスマホ決済サービスを提供しようとする場合に重要となるのは、データの越境移転などのデータセキュリティの問題である。現状では、日本の利用者サイド、金融機関サイドともに、中国系資金決済業者のデータ管理に対する懸念や不安は根強い。今後、データ管理に関する法制度が整備され、その運用についての信頼性が高まれば、国内業者との合併や提携等を通じて、日本でのブランド確立やマーケットシェア獲得が具体化する可能性もある。日本のスマホ決済市場をめぐっては、日本国内の事業者とともに、中国系事業者の動向も注視していく必要がある。

次に、仮想通貨とも呼ばれていた「暗号資産」ビジネスについては、中国系を含む海外事業者が、日本への新規参入に強い関心を寄せている分野といえる。２０１７年、中国が詐欺防止や社会秩序安定の観点から仮想通貨の発行を禁止し、取引やマイニングなども事実上できなくなったことに伴い、中国から香港や日本へ業務拠点を移そうとする中国系企業が続出した。

図表3-3-3　暗号資産業界の現状

登録済みの16社で設立した団体を、自主規制団体として認定し、行政による検査監督と連携（18年10月）

⬅

登録業者 19社

- マネーパートナーズ
- QUOINE
- bitFlyer
- ビットバンク
- SBIバーチャル・カレンシーズ
- GMOコイン
- フォビジャパン
- BTCボックス
- ビットポイントジャパン
- DMM Bitcoin
- TaoTao
- Bitgate
- BITOCEAN
- コインチェック
- 楽天ウォレット
- ディーカレット
- フィスコ仮想通貨取引所
- テックビューロ
- Xtheta

みなし登録 16社➡1社

※申請取下げなど	12社
登録拒否	1社
登録	2社

新規参入を希望する事業者 約100社（19年6月時点）

○新規参入を希望する事業者が多様かつ多数
〔大手上場企業系から中小規模・独立ベンチャー企業、金商業者・両替業者や海外事業者系など〕
○登録審査の透明性を高める観点から、
①登録審査に現在利用している「質問票」（400項目超）を公表し、厳格に審査（18年10月）
②さらに、審査プロセスに要する時間的目安（概ね6カ月程度）等を公表（19年1月）

出典：金融庁。2019年6月時点

仮に日本の審査をパスし、資金決済法に基づく登録業者として活動できれば、合法的な業者として認定され、日本を拠点としながら中国を含む国際ビジネス展開も可能となる。このため、多数の中国系企業が日本への新規参入を希望して登録申請を行った。

暗号資産事業者については、２０１８年のコインチェック問題を受けて、４００項目超の質問票に基づく厳しい登録審査に加え、当局による立入検査も実施されている。それらをクリアした19社（２０１９年6月現在）の登録業者のなかには、２０１３年に中国で誕生し、世界的な大手取引所の一つともいわれたフォビ（Huobi、火幣）の日本法人も含まれている。また、同時点で登録を申請してい

る業者数は110社にも及ぶが、そのなかには中国を含む海外系業者も多数含まれているようだ。【図表3-3-3】

暗号資産分野についても、中国系事業者の動向を注視していく必要があると考えている。

今後増加が予想される中国系の日本進出

以上見てきたように、金融分野における中国から日本への進出は、伝統的な分野ではきわめて限定的な一方、非伝統的な分野では活発になってきている。

今後はどうなっていくのだろうか？　筆者は、伝統的な分野を含めて、中国系金融機関の日本進出の動きは今後増加していくと見ている。

第1の理由は、日中両国の実体経済の関係変化である。中国経済の成長に伴い、高度な技術力や優れたビジネスモデルをもつ中国企業も数多く存在する。日本企業と中国企業の関係は質的にも大きく転換しつつあり、それぞれの企業特性に応じて、サプライチェーンのなかで役割を分担するパートナーとして、あるいは技術開発や双方の市場開拓のパートナーとして、コラボレーションの機会も増えてきている。

とくに、ICTや電気自動車などのイノベーション分野、日本が高い技術力をもつ環境・

省エネ分野などでは、日中による事業面や研究開発面での提携が増加することが見込まれる。また、消費財、ヘルスケア、サービス、コンテンツ等の分野でも双方向のマーケティングが活発化すると予想される。日中企業の資本提携、合弁、M&A等を通じて、相互の市場開拓を図っていくケースも増加していくだろう。

日本に進出する中国企業の裾野が広がり、日本での事業活動が活発化すれば、日本での法人融資や貿易金融などのニーズが高まり、進出済の5大銀行の日本事業拡大に加え、下位の中国系銀行にも日本新規参入の動きが出てくると考えられる。また、事業活動に不可欠な保険分野についても、日本で事業活動する中国企業の顧客ベースが増えてくれば、日本に新規参入する中国系保険会社も出てくると思われる。

また、中国で中下位の商業銀行は、金融事業専門というわけではなく、総合事業グループの金融部門であるケースも多い。このため、グループとして日本市場へのコミットを強化する場合には、銀行や保険などの金融部門も一緒に参入して、金融面からグループ全体をサポートする動きも出てくると考えている。

第2の理由は、中国の金融対外開放とクロスボーダー取引の拡大だ。

これについてはすでに繰り返し論じてきたが、日中両国の資本市場の連携が強化され、日中間の金融の流れが増加すれば、それに伴って金融セクターの相互参入は大きく進むことが予想される。

とくに注目したいのは、日中両国の機関投資家の動向だ。大規模かつ安定的な資金の流れが確立すれば、資金運用、為替取引、投資コンサルティング、金融商品開発、市場調査、会計財務等の大きな金融ビジネスに発展する。両国の証券会社、アセット・マネージメント会社、ファンド、フィンテック企業、会計事務所など、多くの金融関連企業の相互参入が進むことが見込まれる。

さらに一歩進んで、日中企業間での大型Ｍ＆Ａの動きや、日本市場における中国企業の株式上場や債券発行等のニーズが高まってきた場合には、中国企業や日本市場に精通した投資銀行業務へのニーズも発生してくる。中国系投資銀行やファンドの日本参入も十分想定しておく必要があると考える。

第３の理由は、新しいテクノロジーの急速な発達により、「非伝統的な金融分野」の領域がいっそう拡大してくることだ。第一章で見たように、フィンテックの発展等により、金融業とその他産業の境界線は低くなり、従来は存在しなかった金融サービスが次々と出現している。

こうした「非伝統的な金融分野」は、中国が最もアグレッシブに取り組んでおり、世界的に見ても突出した進化を遂げていることが多い。中国の伝統的金融機関も、フィンテックや新しい金融サービスの開発に精力的に取り組んでおり、中国でノウハウを蓄積した先進的なサービスを武器に、日本進出を図る金融機関も出てくる可能性があると考えている。

中国の金融産業が日本に進出してくることを、たんに「脅威」として捉えるのは早計だ。日本の伝統的金融領域については、日本の金融機関が強固な営業基盤を確立しており、中国金融機関に席巻されることはありえない。むしろ、日中間の金融協力によって、従来なかった新しい市場を創出し、金融ビジネスの裾野を広げていくことのメリットに目を向けるべきと考える。確固たる国内基盤の上に、日中の金融機関が切磋琢磨して新しい領域を創り出し、市場全体のパイ拡大と活性化とともに、日本の利用者利便の向上につなげることができれば、本当の意味で日中両国にとっての「ウィン・ウィン」が実現すると考える。

第四節　日中金融協力の未来

これから中国経済はどうなっていくのか？

この最終節では、これまでの論考を総括しつつ、日中金融協力が今後、未来に向けてどのように発展していくのか、約10年後の2030年頃を想定して、その方向性を論じてみたい。なお、この未来予想図は、すべて筆者の個人的見解である点をあらためてご留意いただきたい。

まず、今後中国経済はどうなっていくのか。これまで多くの専門機関が中国経済の将来見通しを示していたが、米中貿易戦争等によって不確実性が増し、先行きはかなり不透明になっている。このため、「米中貿易戦争の影響は限定的で順調に成長を続ける」といった楽観論から、「壊滅的なダメージを受ける」といった悲観論まで、前提や立場によって見方は大きく分かれている。さらには、「中国の統計の信頼性は低いため、すでにマイナス成長になっているのではないか」との極端な見方も出ている。

ここでは、10年以上にわたって中国経済をウォッチしてきた筆者の経験や知見も交えながら、現状入手できる最大限の情報に基づき、客観的に論じてみたい。

米中貿易戦争以前は、「中国の成長率は現在の6％台から5％程度に徐々に減速しつつ、当分のあいだ、引き続き安定的な成長を続ける」といった見方が多くのコンセンサスであった。したがって、このシナリオをベンチマークとして、米中貿易戦争によるダメージがどの程度かを考えるのが基本と考える。

米国の追加関税が中国の成長率に与える負の影響についても、「第3弾」までの段階では、中立的な国際機関の見通しを含め、せいぜい「▲1％程度」との見方が一般的だった。金融市場を通じた影響の計測は難しいため、実質のダメージはもう少し大きい可能性はあるが、「米中貿易戦争の負の影響を考慮しても、5％台の成長は問題なく達成できる」というのが国際的にも概ねのコンセンサスであった。

第4弾の影響については今後のデータを精査していく必要があるが、少なくともマイナス成長にまで経済が落ち込むような事態は想定しにくい。なぜなら、中国の経済成長は、すでに海外需要にそれほど依存していないからだ。かつての加工貿易による輸出依存型の経済から、消費や投資などの国内需要中心型の経済へすでに転換している。2018年の経済成長

図表3-4-1　中国の項目別GDP構成の推移

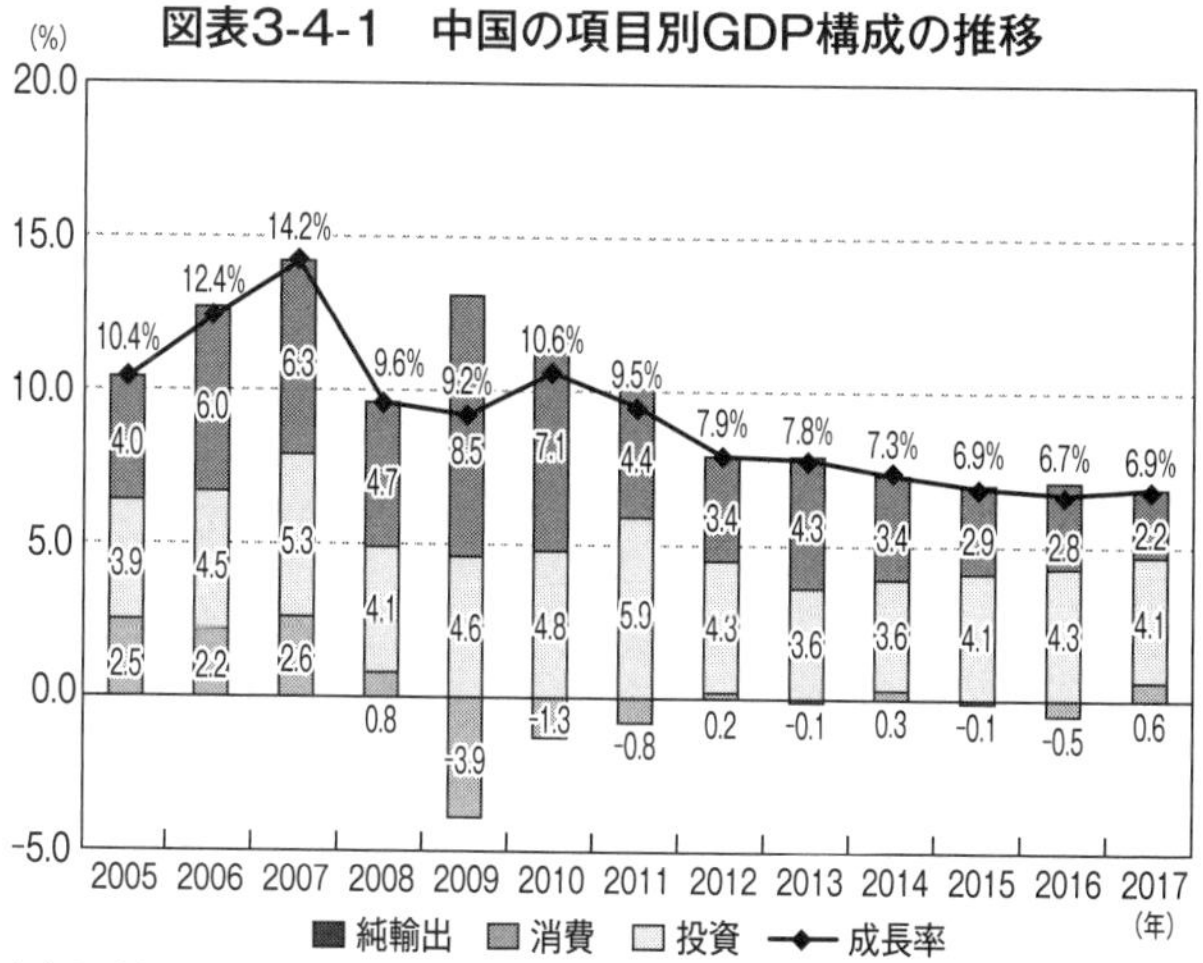

出典：国家統計局CEICデータベースを基に筆者作成

率（6・6%）の内訳を見ると、消費5・0%、投資2・2%、純輸出（＝輸出－輸入）▲0・6%であった。経済対策などによって負の影響を打ち消し、国内マクロ経済を安定的に運営できれば、米国の追加関税だけで中国の経済成長が止まる可能性は低いといわざるをえない。**【図表3-4-1】**

むしろ、中国にとって本当にダメージが大きいのは、関税以上に中国の経済活動自体を機能不全に追い込む措置であろう。とくに中国国内で代替ができず、米国や外国から調達せざるを得ないハイテク部品やソフトウェアの供給停止は、既存のサプライチェーン自体を破壊し、中国の生産基盤や事業活動自体に深刻な影響を与えるとともに、将来の成長の源泉を失いかねない。

たとえば、ファーウェイ（華為）が米国の輸出管理規制に基づく取引規制の対象となったが、仮に対象企業が拡大されれば、取引先を含めて影響がより広範かつ深刻化する恐れがある。仮にそれが長期化し、中国社会に混乱が広がれば、雇用や地域経済等に問題が発展し、国内政治の安定にも影響が出てくる可能性がある。中国として絶対に回避したいのは、米中貿易戦争が国内治安問題に発展する最悪のシナリオだろう。

そのため、中国は強い調子で米国を非難しつつも、米国との対立解消に向けた外交努力は最大限継続していくと思われる。同時に、米中貿易戦争の負の影響を極力軽減し、国内経済政策を総動員して、経済の安定化を図ると考えられる。具体的には、海外技術の内製化、ハイテク部品の国産化等を推進し、米国に依存しないサプライチェーンの再構築や、経済下支えのための積極的な財政金融政策等を行い、中程度（5～6％程度）の経済成長の達成と雇用確保を図ると考えられる。

中国指導部にとって、経済成長の達成とはすなわち雇用確保であり、国内政治の安定を意味する。

中程度の経済成長は、米国との関係にかかわらず、中国自身が必要としているものだ。したがって、その達成に向けては、政治的にも最大限の対応を行うことが予想される。仮に持久戦が必要になれば、豊富な財源や政策リソースを使って、経済刺激策を長期間にわたって展開し続けると考えられる。経済構造改革は後退してしまうかもしれないが、足下の国内安定が優先されるのが中国の常である。

中国経済の基本シナリオとしては、「米中貿易戦争による中国経済への負の影響は当然考えられるが、中国は米国との関係改善に向けた努力を続ける一方で、国内経済政策等によって自身に必要な中程度の成長率を確保すると見込まれるため、結果的に経済成長が大幅に落ち込むようなことは考えにくい」というのが筆者の個人的見解だ。

いずれ不透明な状況ではあるが、日本としては、中国経済のシュリンクを前提に無為に過ごすよりも、あらゆるシナリオを想定して、ビジネスチャンスを最大化すべく万全の準備を進めつつ、米中貿易戦争等の状況変化に柔軟かつ機動的に対応していくことが賢明である、と考えている。

10年後の日本と中国の経済関係

次に、将来の中国金融市場の成長も見据えて、日中金融協力の今後の方向性について展望してみたい。

まず、現在から約10年後の2030年頃、日本と中国の経済はどうなっているだろうか。経済規模（GDP）についてはさまざまな専門機関が将来推計を行っているが、ここでは中立性の高い国際機関OECDの長期見通し（2018年7月）で見てみよう。

現在の為替レートで換算しても、2030年の中国のGDP（約2330兆円）は、米国（約2387兆円）とほぼ肩を並べている。米中両国がそれぞれ世界全体のGDPの15％強のシェアをもつ形になる。

2018年の時点では、中国のGDPは日本の約2・5倍の規模だが、2030年の時点では4～5倍程度に差が拡大することが見込まれる。これは現在の中国とドイツの経済規模差に近いが、中独関係の緊密さを見ていると、日本が中国から軽視されるような事態に陥ることは考えにくい。

10年後にはインドがGDPで日本を抜き、日本は世界第4位になっている可能性が高いが、アジア地域のなかで日本と中国が世界有数の経済大国である基本構造に大きな変化はなく、中国にとって日本との関係は引き続き重要であり続けるはずだ。**【図表3－4－2】**

国民の豊かさについては、2017年現在の1人当たりGDPは日本（3・8万ドル）と

図表3-4-2　2010年と2030年のGDPシェア比較

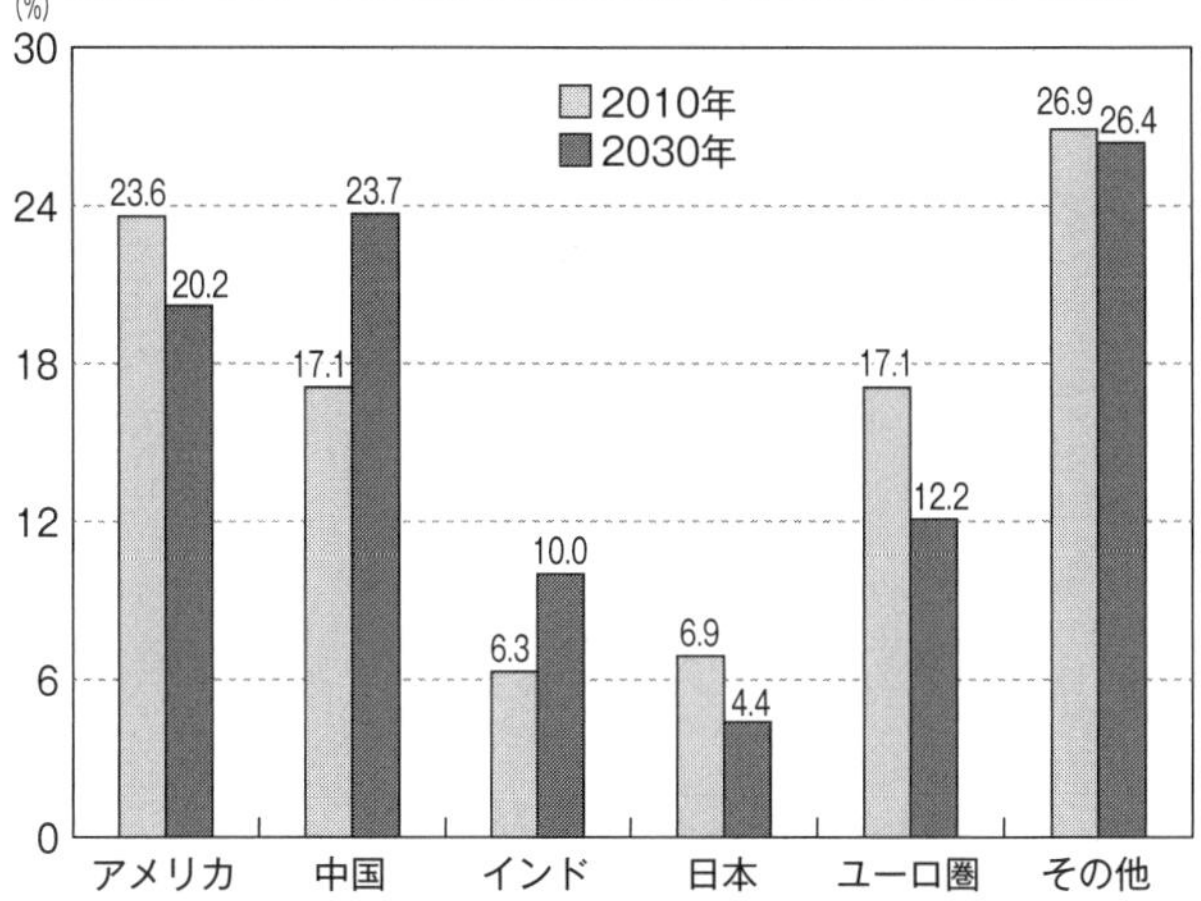

出典：内閣府「2030年展望と改革タスクフォース報告書」（2017年1月公表）から抜粋

中国（０・９万ドル）は４倍以上の差があるが、この差は徐々に縮小していくと見込まれる。ただ、国民全体で考えるよりも高所得層で考えたほうが実感に近い。世界銀行の調査によれば、中国の「富裕層」（年収３・５万ドル＝約３８８万円弱以上）はすでに日本の人口を上回る１・８億人を超え、さらに増加が見込まれている。それに準じる中間層も成長してくる。日本人の体感としては、日中の経済格差はほとんど意識されなくなるだろう。また、個人金融資産についても、両国はそれぞれ数千兆円の巨大な規模を保有しているはずだ。

　人口構成については、日中とも高齢化が進み、２０３０年の高齢化率は、日本が31・２

%、中国が17・2%と国連は予想している。中国の高齢化率は、日本の2000年頃のレベルになっているはずだ。中国でも、社会保障制度の整備や高齢者向けサービスへのニーズがいっそう高まっているだろう。ヘルスケアや介護の分野は、現在でも中国側から日本側へのアプローチが活発だが、今後、日本企業と中国企業のコラボがますます増えることが予想される。

日中間の人の往来については、現時点でも中国からの訪日客は年1000万人に近づいており、さらなる訪日客の増加が見込まれる。日本政府の観光ビジョンでも、2030年のインバウンド観光客数として6000万人をめざすこととしており、航空路線やホテルなどの受け入れ体制の整備等が進めば、全体の約3割に相当する2000万人程度の中国人訪日客は現実的な数字だ。

中国の金融対外開放については、期待も込めて、現在より大幅に進んでいてほしい。中国が経済規模で世界最大級の国家になるのであれば、国際的責任として、資本や為替の自由化は最低限達成していてほしいところだ。ただし、中国は漸進的アプローチを採る可能性が高く、10年後の段階ではまだ途上にある可能性も高い。

日中金融協力の方向性

以上、非常にざっくりではあるが、こうした未来予想図を前提に考えたとき、日本の国益という視点から、日中金融協力はどのような方向性に発展させていくべきなのだろうか。筆者は大きく3つの方向性が重要ではないか、と考えている。

①日中金融資本市場の連携強化

1つ目は、日中金融資本市場の連携の推進である。

2030年頃、日中両国は共に本格的な高齢社会を迎え、老後資金の計画的準備や個人資産形成の促進が共通の政策課題になっているはずだ。その際、日本の資金は中国の比較的高いリターン（債券利回りや配当等のインカムゲインを含む）の恩恵を受け、中国の資金は日本金融商品の安全性・安定性の恩恵を受ける相互補完関係が成立すれば、日中間でのクロスボーダー投資のニーズは着実に高まっていくと考えられる。

この日中間の投資チャネルが大きく育つには、年金資金の運用を受託する機関投資家の役割がとくに重要だ。日中双方の年金基金、信託、アセット・マネージメント、保険、ファンド等の機関投資家が、その運用資産のなかに日中相互の金融商品を組み込み、専門的な見地から経済合理性のある投資運用を行う仕組みが確立されれば、日中間に大きな資金の流れができる。それに伴って、両国の個人投資家間の認知度や信頼性も高まっていく。

現在の日中間の証券投資残高は日米間の10分の1にも満たないが、投資環境が整備され、モノやヒトの流れと同様にカネの流れが活発化すれば、現在の何倍もの規模に成長するポテンシャルを十分にもっている。

従来は非常に細かった日中間の資金チャネルが大きく開通すれば、日本の金融資本市場へのチャイナマネーの新規流入も見込まれ、日本の市場活性化にも大きく寄与する。また、対中証券投資を通じて、中国経済の成長の果実を日本に取り込むことが可能となる。

さらに、今回実現したＥＴＦ相互上場をさらに発展させ、日中間でも個別株式や債券などの個別金融商品のクロスボーダー取引を可能とする「日中ストックコネクト」や「日中ボンドコネクト」が実現されれば、東京市場の機能や魅力の強化にもつながり、アジアの金融センターとしての東京の地位も大きく向上していくと考えられる。

こうした姿を実現するためには、日中間の投資環境の抜本的な整備が不可欠だ。中国の資本規制や金融規制の規制緩和、人民元の利便性向上、投資税制やディスクロージャー制度の改善、決済システムの整備、日本からの投資アクセスを容易にする日系金融機関の関与拡大等、実務的にも課題は山積みである。

こうした投資環境の整備は、官民で連携を図りながら、民間レベルでも政府レベルでも協議していく必要がある。現段階で上海証券取引所との投資チャネルが開通できている主要国は英国のみで、2019年6月に実現した「上海＝ロンドンコネクト」しかない。ただし英国についても、クロスボーダーの取引拡大に向けては、取扱い銘柄、投資ニーズ、時差、ブレグジットの影響など多くの課題を抱えている。

その意味で、今般ETF相互上場を実現した日本は、対中国で他の主要国にわずかに先行できており、この優位な立場を戦略的に活用していく必要がある。たとえば、海外投資家の立場から、中国の資本市場の国際化について、資本規制や税制などの具体的な問題改善を求めていくことが可能だ。相手は中国ゆえ一気には無理でも、着実に問題の具体的解決を図っていき、日中の金融資本市場の発展につなげていくことが重要だ。

②高齢社会対応の金融サービス

2つ目は、日本と中国の共通課題である高齢社会対応の分野での協力だ。このテーマは、金融部門のみならず、財政部門や社会保障部門などを含めた広範な協力が重要になる。

高齢社会においては、社会保障制度の整備、同制度の持続可能性の向上とともに、個人レベルでも長期計画的な資産形成が重要になる。中国政府も強い問題意識をもっており、高齢社会対応の政策的重要性はいっそう増大していくと考えられる。

中国は、本格的な高齢社会への突入を前に、社会保障財源、制度設計、制度運用、関連法令や執行体制の整備など、日本から多くを学びたいという非常に強いニーズをもっている。日本は、高齢社会対応について先行的で豊富な経験と教訓を有しており、これらはわが国の大きなアドバンテージとして戦略的に活用していく必要がある。

公的な社会保障制度は、老後資金の基礎部分になるものであり、民間金融セクターが提供する金融サービスの在り方にも大きく影響してくる。したがって、中国の社会保障制度の整備に政策協力することは、中国の金融ニーズを知るうえでも重要な基礎作業と言える。

日中財務対話においても、中国側の要請に基づき、「日中両国の公的年金制度」が共同研究テーマとして取り上げられ、2018年夏に共同レポートが両国財務大臣に報告された。社会保障分野での日中協力は、お互いの課題やニーズがかみ合っており、今後もさらに発展していくだろう。

図表3-4-3　中国の公的年金制度

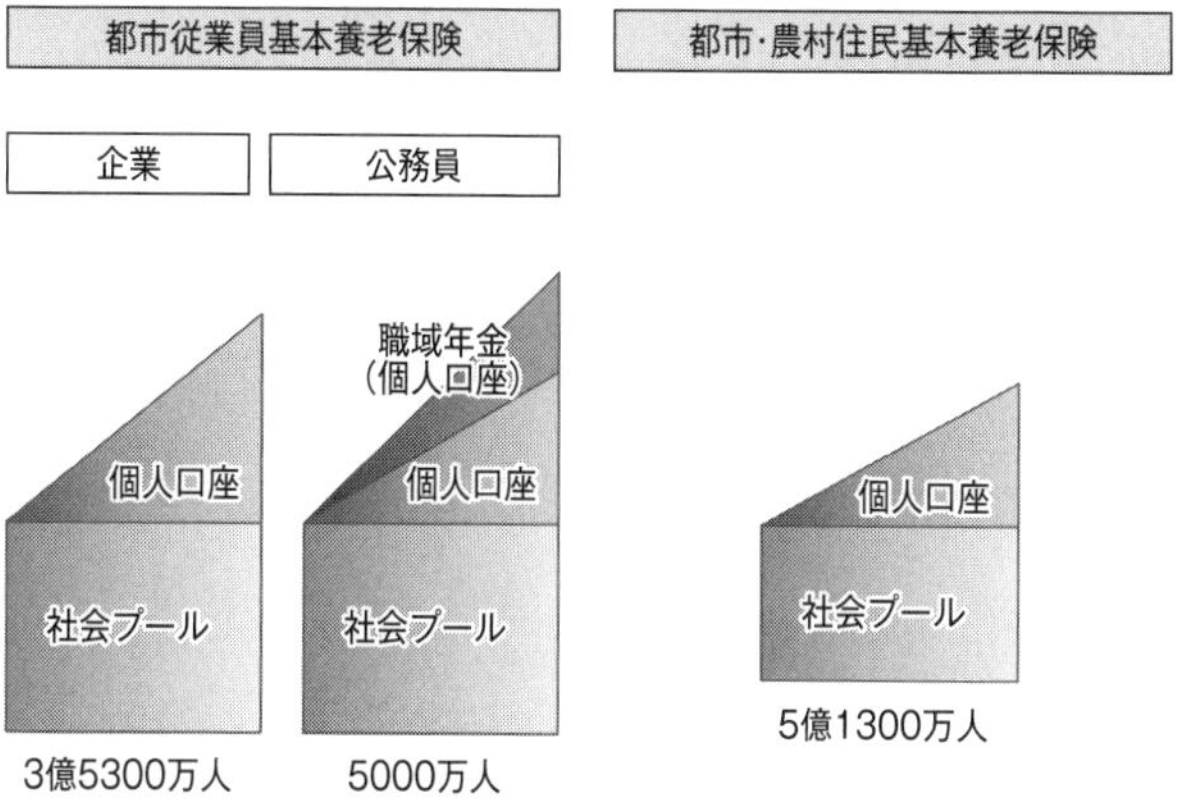

出典：財務省

　また、中国でも、高齢化の進行に伴って、個人レベルで老後資金のための資産形成ニーズは確実に大きくなっていくだろう。

　中国の年金制度は、急速な高齢化の進行に制度整備が追い付いていない。都市部の被用者用の「都市従業員基本養老保険」は比較的制度が整備されているが、平均受給月額（2016年）は2362元（約4万円）と十分な水準とはいえない。さらに、都市部の非就労者や農村住民用の「都市・農村住民基本養老保険」は、任意加入の上、財政基盤もきわめて脆弱であり、受給平均月額は120元（約2000円）にすぎない。老後資金の確保には、個人の自助努力が重要になる。【図表3-4-3】

中国でも個人年金保険（養老保険）は数多く販売されているが、中途解約前提の短期的な利回り目的が多く、必ずしも年金商品本来の役割を果たせていないとの指摘も多い。本格的な高齢社会に対応した金融商品の開発と普及は今後の大きな課題となっている。また、資産形成のためのライフ・プランニングや投資アドバイザー等の関連サービスにも大きな成長が見込まれる。こうした分野で豊富な知見を有する日本の金融機関と中国企業との合弁や業務提携等が進むことが期待される。

中国の株式市場についても、現在は個人投資家中心の市場で、短期売買や積極的なリスクテイクが特徴といえるが、今後は、「長期的な視点での安定的な資産形成」という考え方の普及とともに、老後資金の運用を担う機関投資家の育成が重要な課題になってくる。

このため、中国の政策面でも、日本のＮＩＳＡやｉＤｅＣｏのような長期資産形成に向けた優遇税制の導入や、国民向け金融教育の充実は、いずれ重要なテーマとなっていくだろう。併せて、信託などの信頼性の高い財産管理サービスの発展、高齢者を金融サービスから排除しない金融包摂の取り組み、詐欺等の金融犯罪の防止など、関連の課題も多い。

その際、課題解決のためのツールとして、フィンテックの活用が重要になってくる。わざわざ店舗に出向かなくとも、本人確認、口座管理、出入金や資金移動、投資商品や保険などの金融商品の取引や相談、財産管理、詐欺などの金融犯罪被害の防止など、テクノロジーの活用によって、「高齢者に配慮した安心安全な金融サービス」や「高齢者のニーズに沿ったきめ細かい利便性の高いサービス」を、低廉なコストで提供することも可能になる。

高齢社会におけるフィンテックの活用は、日本と中国の協力領域として非常に大きな可能性を秘めている。将来的にはアジア全体が本格的な高齢社会を迎える。日本の金融ノウハウと中国のフィンテックが融合することで、高齢社会対応の先進的モデルを確立できれば、来るべきアジアの高齢化問題にも大きく貢献できると考えている。

③東アジアの金融システム安定と現地通貨取引の推進

3つ目は、日中両国が位置する東アジア地域の金融システム安定と、金融国際化の分野での協力だ。東アジア地域の金融協力は、1997年のアジア金融危機以降、「ASEAN+3（日中韓）」の枠組みのなかで、日中両国が中核的役割を果たしながら大きく発展してきた。

東アジア地域で国際金融危機が発生した場合に、域内国が債務危機国に外貨資金を供給するセイフティーネット（安全網）の枠組みとして「チェンマイ・イニシアティブ」（CMI）が整備されているが、日本と中国は資金拠出シェアで最大32％をもち、この枠組みを主導し

図表3-4-4　チェンマイ・イニシアティブ

【CMIマルチ化】（CMIM:Chiang Mai Initiative Multilateralisation）（2010年3月～）

- １本の多国間取極
- 発動時には２国間で各国の外貨準備を融通

【機能強化】（2014年7月～）

- 規模倍増（1,200億ドル→2,400億ドル）
- 危機予防機能の導入

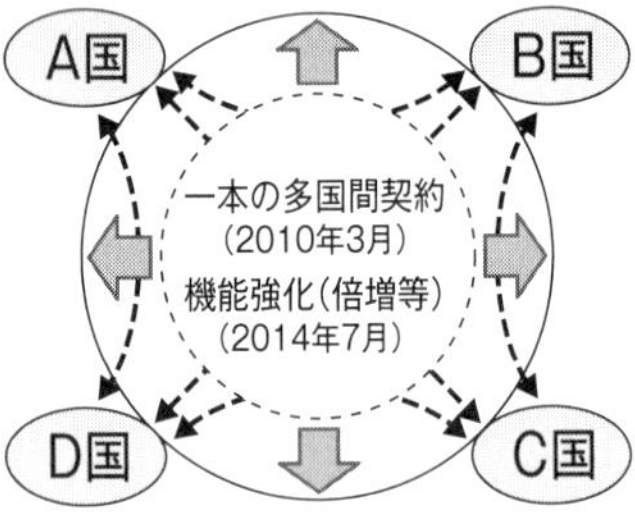

出典：財務省

ている。また、ＣＭＩ加盟国のマクロ経済動向を調査監視するため、２０１１年にシンガポールに設立されたＡＳＥＡＮ＋３マクロ経済リサーチオフィス（ＡＭＲＯ）のトップは、日本と中国が交互に務めてきた。このように日中両国は、２国間やＧ20のみならず、リージョナル・マルチ（地域多国間関係）でも協力を発展させてきた歴史がある。【図表3-4-4】

10年後、東アジア地域のＧＤＰは世界全体の３割を超えるシェアをもち、北米やＥＵを大きく上回る世界最大の地域経済圏となることが見込まれる。東アジア域内の経済連携もどんどん深まっており、貿易の47％、直接投資の57％、証券投資の14％が域内相互のものだ（2016年）。実体経済のつながりがこれだけ深化してくると、金融分野のつながりも今後、急速に発展していく可能性が高い。

そのなかで、大きな課題として浮上してくると思われるのが域内の取引通貨の問題だ。米ドルは国際決済通貨として支配的な地位を占めており、グローバルで見ると、貿易決済の40%、外国為替市場の90%、外貨準備の60%を占めている。この米ドル一強の状況は、とくにアジアや中南米で著しい。

米ドル決済に過度に依存した状態は、米ドルの為替変動リスク、国際金融市場での米ドルの資金調達リスクに加え、米国金融政策の影響を受けやすく、東アジア地域の金融システムを不安定化させる恐れがある。実際、2013年の米金利引き上げ（テーパリング）や2018年のFED金利急上昇の際には、東アジア域内でそうしたリスクが顕在化した。

加えて、自国通貨の国際通貨としての地位向上、決済コストや為替リスクの節減等の観点からも、域内現地通貨の利用促進、米ドルを介さない域内通貨間の直接交換市場の整備等が大きな課題となりつつある。AMROもこうした米ドル過剰依存からの脱却を提唱している。

2019年5月にフィジーで開催されたASEAN＋3財務大臣・中央銀行総裁会合で

は、域内国からの強い支持を得て、ＣＭＩの枠組みにおいて、日本円や人民元などの現地通貨活用を検討することで合意した。アジア域内の金融システム安定と現地通貨活用がリンクした議論が本格的に始まりつつある。

国際決済通貨として使用されているアジア域内の現地通貨は、シェア順（２０１７年）で日本円３・１％（世界全体で4位）、人民元１・８％（同6位）、香港ドル１・３％（同9位）、タイバーツ１・０％（同10位）、シンガポールドル０・85％（同11位）となっている。アジア地域においては、やはり日本円と人民元が国際決済通貨の最有力候補といえる。日中が競争しながらも協力して、東アジア域内の通貨問題に貢献していくことは域内国からも強い期待がある。

日本と中国は、２０１１年に日本円＝人民元の直接交換市場の創設で首脳合意し、米ドルを介さない通貨直接取引の仕組みを整備済である。こうした知見を東アジア域内でも活かし、域内リーダー国としての地域全体の発展に貢献していくことが期待される。またその際には、中国は資本規制や外貨管理規制を自由化し、人民元を自らの経済規模に見合った利便性の高い国際決済通貨にしていく努力が求められる。

こうした取り組みは、東アジア地域のみならず、日本自身の金融市場の発展にも寄与する

図表3-4-5　人民元クリアリング銀行

- 人民元クリアリング銀行は、オフショア市場における人民元決済を行うため、中国が各国に設置する決済銀行。東京オフショア市場の発展、中国国内への投資の活性化に寄与。
- 東京のクリアリング銀行は中国の店舗から一定の人民元流動性供給を受けることが可能であり、オフショア人民元市場の流動性拡大にも役立つ。

参考：人民元クリアリングバンクによる資金決済（国内他企業または中国企業との人民元決済取引）

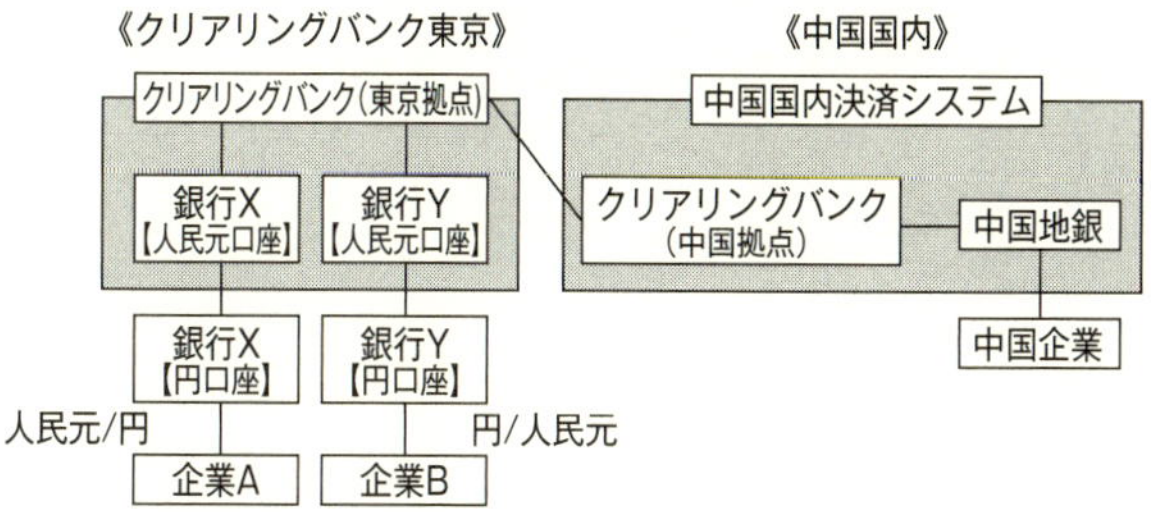

出典：中国金融研究会資料（財務省作成）から抜粋

ことを忘れてはならない。東アジアの国際金融センターとしては、最近ではシンガポールや香港の名前がよく上げられ、東京は日本のホーム・マーケットとしての地位に甘んじているのが現状だ。このままいけば、ローカルマーケット化が進行し、国際金融都市としての機能や競争力が大きく低下してしまう可能性もある。

　こうしたなか、日中間のクロスボーダー取引の活発化に向けた具体的動きが加速しつつある。２０１９年６月、大阪Ｇ20出席のために習近平国家主席が来日した。安倍総理との日中首脳会談のタイミングにあわせて、中国人民銀行は、日本における「人民元クリアリング銀行」として、中国側の中国銀行東京支

店に加え、日本側の三菱ＵＦＪ銀行を指定する旨を公表した。【図表3-4-5】

邦銀が人民元クリアリングバンクに指定されることで、日本国内における人民元の決済基盤が整備され、地方銀行など日本の国内銀行が人民元を取り扱うことが容易になり、日中間の送金が大幅に円滑化・効率化されることになる。中国系銀行以外の外銀でこの指定を受けるのは、米国のＪＰモルガン・チェースに続いて世界で2例目の快挙であり、邦銀の国際競争力強化の観点からも大きな前進であった。

東京金融市場の活性化、さらにいえば将来に向けたサバイバルのためには、「日本円」という国際的信頼性の高い安心安全な通貨を基礎として、日本における人民元市場、さらにはアジア現地通貨市場の形成と発展を進めていくことが重要ではないだろうか。幸いにも、日銀と中国人民銀行間のスワップ協定の締結、人民元クリアリングバンクの日本設置など、そのために必要な制度環境の整備は近年大幅に前進した。邦銀も、東アジア地域の現地銀行の積極的買収などを通じて、広域的に強固な営業基盤やネットワークを構築しつつある。

日本円には、国際決済通貨としての長い歴史と信任がある。日本にとって、日本円こそが金融分野最大のアドバンテージといえる。人民元が真の国際決済通貨に成長するには、中国国内の制度整備や国際社会での信任獲得が必要であり、10年以上の長い時間が必要だろう。

いずれ人民元がキャッチアップしてくるまでのタイムラグを有効に活用して、新しい日本の金融市場の在り方を形成していく必要がある。その際、ホームである日本国内市場に過度に依存した形では発展に限界がある。

中国が台頭しているとはいえ、日本は世界の主要国として、経済大国としての長い歴史があり、東アジア域内も含め世界から信頼も厚い。とくに金融分野における国際経験の蓄積やネットワークを豊富に有し、域内で強いリーダーシップを発揮していくことは十分可能だ。逆にいまを逃せば、日本が主導して新しい枠組みを作り上げていく時代が過ぎてしまうかもしれない。大きなアドバンテージをもっている現在こそが、ラストチャンスかもしれないと自覚して対応する必要がある。

日本は、日本自身のため、そして東アジア地域の発展のためにも、世界最大の経済圏であり、成長センターでもある東アジア地域のニーズを踏まえた新しい国際金融システムを、中国とも協力しながら構築していくことをめざすべきであると考える。

日本自身のために

最後に、「日中金融協力」が日本自身の国益に通じるものであることをあらためて強調して、結びとしたい。

おそらく、「日中金融協力」という言葉の響きに、外交的で理想主義的なシュガーコーティングされた綺麗事のような印象をもたれた読者も多かったであろう。しかし、この本を読了された読者は、中国との協力が日本自身の裨益《ひえき》につながる取り組みであり、だからこそさらに発展させていく必要があることをご理解いただけたのではないかと思う。

日本における中国に対する感情はさまざまであり、複雑である。世代や立場によっても大きく異なる。個人の好悪で済む話であればそれでもよいのかもしれないが、現実の世界経済は急速な勢いで大きく変化している。日本が置かれている状況も刻々と変化している。将来にわたって日本が繁栄を維持していくためには、日本自身が新たな状況に柔軟かつ機動的に対応して、しかるべき時期にしかるべき準備を進めておく必要がある。

「日中金融協力」は、日本の金融市場の活性化や将来の発展、日本企業の成長、本邦投資家の投資機会拡大、本邦金融機関の成長や国際競争力の強化、世界経済やアジア経済の発展などにつながる重要な取り組みである。読者諸氏のご理解とご支援を心からお願いする次第である。

あとがき

2019年、日本は「令和」の時代を迎えた。筆者は今年50歳の節目を迎える。

本書は中国金融がテーマだが、人生100年時代といわれるなかで、じつは自分の半生記でもあり、同時に、日本の次世代に伝承したいノンフィクション・ストーリーでもある。

論語の「知命」の境地にはほど遠い自分が歴史的使命感などというのもおこがましいが、大学生に成長した息子を見ながら、自らが情熱を懸けて取り組んだ日中金融協力の軌跡を次世代に伝えたいとの一心で筆を執った。中国が台頭し、世界秩序が大きく変化した21世紀初期における日中金融史の記録として、少しでも本書が貢献できれば幸いである。

中国との最初の縁はまったくの偶然だった。財務省で主計局主査をやっていた30代後半、一度くらいは海外勤務をしてみたい、と人事にわがままをいった。たまたまポストが空いていたのが北京の大使館。母が満洲生まれだったこともご縁だと思った。2008年夏、オリンピックで沸く北京に家族で赴いた。それから4年間を中国で過ごし、わが家にとって中国は一生の思い出の地となった。筆者は中国経済のエネルギーに魅了され、チャイナ・ウォッチャーの端くれとなった。家内は中国楽器・二胡の演奏家となり、大学生の息子は中国留学生の世話役をしている。いつのまにか、中国は筆者の人生の重要な一部になっていた。

筆者の人生は、中国との不思議なご縁に支えられ続けている。

2年前の2017年夏、地銀担当の金融庁銀行第二課長から突然の異動となり、国際部門で中国を担当することになった。当時、金融庁と中国との関係は希薄だった。だが、ボヤいていても仕方ない。専属の部下もいないなか、たった一人で「日中金融協力の復活」という無謀な挑戦を始めることにした。何の手がかりもないまま、とりあえず一人で北京へ向かった。

5年ぶりに訪れた北京で筆者を温かく出迎えてくれたのは、中国の「老朋友」たちだった。中国の友人達は、祖国・中国の金融を発展させたいという一心から、いまなお日本に学び、日本と協力したいと本気で考えていた。こちらの情熱も理解してくれた。久しぶりの再会にもかかわらず、時間の空白はまったく感じさせず、北京駐在時代よりお互い少しだけ偉くなった立場で、もう一度日中金融協力をやろうと誓い合った。心の琴線に触れる再会だった。

そして、中国の友人たちの言葉に嘘や偽りは一切なかった。カウンターパートである自分を信用し、賭けてくれた。おそらく中国国内の調整で立場を危うくすることも数多くあったにちがいない。だが、勇敢にも筆者との約束をすべてやり遂げてくれた。

そこには、東洋社会特有の「信義」の精神が一貫して存在していた。それなくしては、わずか2年間のうちに日中金融協力が大きく前進することはできなかったと思う。多くの成果は、筆者にとって中国との10年間にわたる友情の結晶である。支えてくれた中国の友人たちに心から感謝したい。

本書は、筆者にとって和書3冊目の著作になる。少々マニアックなテーマであるにもかかわらず、出版をお引き受けいただいた白地利成氏をはじめ、ＰＨＰ研究所の皆様のご尽力に厚く御礼申し上げたい。また、出版について親身に相談にのってくれた近藤大介氏にも御礼申し上げたい。

当初たった一人で始めた挑戦だったが、多くの方々からご支援を賜わることができたのは誠に幸運だった。この2年間、金融庁の越智隆雄・前副大臣、田中良生副大臣をはじめ、上司の遠藤俊英金融庁長官、氷見野良三金融国際審議官など、多くの金融庁幹部の方々に訪中していただいたことで、中国政府幹部との顔の見えるハイレベル交流が短期間で実現できた。

「中国金融研究会」のメンバーの先生方にも感謝申し上げたい。２０１８年10月、金融庁が事務局となり、日中金融協力に関する官民連携のプラットフォームとして「中国金融研究会」が発足した。座長には、北京駐在時代の上司でもあった宮本雄二・元在中国日本国特命全権大使にご就任いただき、大所高所からのご指導をいただいている。

また、同研究会にご参加いただいている、稲垣清・中国人事・人脈研究所代表、岡嵜久実子・キヤノングローバル戦略研究所研究主幹、齋藤尚登・大和総研主席研究員、関根栄一・野村資本市場研究所北京事務所首席代表、露口洋介・帝京大学教授、柳岡広和・三菱ＵＦＪ銀行顧問、李智慧・野村総合研究所上級コンサルタントをはじめ、日本金融界を代表する金融機関の皆様方から、本書執筆に当たって多くの貴重なご示唆を頂戴した。

財務省・日銀の関係者の方々とは緊密な連携を図らせていただき、多くのご指導を頂いた。財務省の浅川雅嗣財務官、武内良樹国際局長、大矢俊雄審議官、梶川光俊地域協力課長、松下裕課長補佐、山本丈夫係長、下田滉太係員、日本銀行国際局の福本智之審議役、坂下栄人企画役をはじめとする関係者の方々のご協力に感謝申し上げる。

中国現地においても、日系金融機関の皆様方をはじめ、在北京日本大使館の柴田敬司公使、河邑忠昭参事官、境吉隆書記官、在上海総領事館の温泉川要領事らから、日中金融協力の進展を強力にバックアップしていただいた。

金融庁国際室の同僚の皆さんには感謝の言葉もないほどお世話になった。国際協力係の馬場優司調整官、横山卓司専門官、木村太郎係長、藤野哲生係長、小西達矢専門調査員、胡麻本哲也係員、中村茉莉さん、秘書の長谷川智さんをはじめ、多くの方が献身的に筆者を支えてくれた。本書執筆への多大なご協力についても、この場を借りて心から感謝申し上げたい。


最後になるが、本書を愛する家族に捧げたい。

今年銀婚式を迎えた家内は筆者の最大の理解者であり、筆者がどういう思いで日中金融協力に取り組んでいるのか、すべてお見通しの様子だった。今回の出版についても、過去の諦観もあってか前向きに受け入れてくれ、息子の大学受験期にもかかわらず、2年間で20回を超える中国出張も、帰宅後や週末の執筆作業も寛大に見守ってくれた。古い言葉だが、家内の「内助の功」がなければ思う存分仕事はできなかったと思う。家内も日中金融協力の戦友の一人であり、あらためて心から深く感謝したい。

北京駐在時代に小学生だった息子も大学生になった。新しい世界秩序が構築される時代に、新しい日中関係を切り拓いていくのは若い世代だ。本書が、次世代のために少しでも役に立つことを願ってやまない。中国という巨大な隣国を怖れず、軽視もせず、その実力をしっかり見極めて真剣に向き合いながら、「浩然の気」をもって、日本として堂々と渡り合い、日本の繁栄を維持していってほしい。

令和元年7月7日　東京・目白の寓居にて

柴田　聡

PHP新書

PHP INTERFACE
https://www.php.co.jp/

柴田　聡［しばた・さとる］

金融庁総合政策局総務課長兼中国カントリーディレクター。

1969年岩手県葛巻町生まれ。88年岩手県立盛岡第一高校卒、92年東京大学経済学部卒、大蔵省（現・財務省）入省。96年米スタンフォード大学修士（国際開発政策）。金融庁監督局課長補佐、財務省主計局主査などを経て、2008〜12年在中国日本国大使館経済部参事官として北京に4年間駐在。その後、内閣参事官、金融庁銀行第二課長などを経て、17年から金融庁総合政策局参事官（国際担当）として日中金融協力の実務責任者を務める。19年7月より現職。

著書に『チャイナ・インパクト』（中央公論新社）、『中国共産党の経済政策』（共著、講談社現代新書）がある。

中国金融の実力と日本の戦略

PHP新書　1198

二〇一九年八月二十三日　第一版第一刷

著者――柴田　聡
発行者――後藤淳一
発行所――株式会社PHP研究所
東京本部――〒135-8137 江東区豊洲5-6-52
第一制作部PHP新書課 ☎03-3520-9615（編集）
普及部 ☎03-3520-9630（販売）
京都本部――〒601-8411 京都市南区西九条北ノ内町11
組版――有限会社メディアネット
装幀者――芦澤泰偉＋児崎雅淑
印刷所
製本所――図書印刷株式会社

ISBN978-4-569-84311-7

PHP新書刊行にあたって

「繁栄を通じて平和と幸福を」(PEACE and HAPPINESS through PROSPERITY)の願いのもと、PHP研究所が創設されて今年で五十周年を迎えます。その歩みは、日本人が先の戦争を乗り越え、並々ならぬ努力を続けて、今日の繁栄を築き上げてきた軌跡に重なります。

しかし、平和で豊かな生活を手にした現在、多くの日本人は、自分が何のために生きているのか、どのように生きていきたいのかを、見失いつつあるように思われます。そして、その間にも、日本国内や世界のみならず地球規模での大きな変化が日々生起し、解決すべき問題となって私たちのもとに押し寄せてきます。

このような時代に人生の確かな価値を見出し、生きる喜びに満ちあふれた社会を実現するために、いま何が求められているのでしょうか。それは、先達が培ってきた知恵を紡ぎ直すこと、その上で自分たち一人一人がおかれた現実と進むべき未来について丹念に考えていくこと以外にはありません。

その営みは、単なる知識に終わらない深い思索へ、そしてよく生きるための哲学への旅でもあります。弊所が創設五十周年を迎えましたのを機に、PHP新書を創刊し、この新たな旅を読者と共に歩んでいきたいと思っています。多くの読者の共感と支援を心よりお願いいたします。

一九九六年十月

PHP研究所